Jahreszahl	Epochen	Ereignisse	Wichtige Personen für die Rhetorik
Rhetorik des Mittelalters			
800	Mittelalter	Kaiserkrönung Karls d. Großen	Alkuin (ca. 730–804)
			Hrabanus Maurus (ca. 784–856)
1096		Erster Kreuzzug	Notker der Deutsche (um 950–1022)
ca. 1200		Nibelungenlied	Johannes von Garlandia (1195–1272)
ca. 1500			Francesco Petrarca (1304–1374)

* Schwerpunkte und Daten entnommen aus Göttert (2009, S. 76 ff.) und Ueding (2009, S. 56 ff.)

Ramona Benkenstein

Rhetorica docens
Lehrbuch für Rhetorik

Text/Redaktion:	Dr. Ramona Benkenstein
Layout/Satz:	Brandung. Ideen, Marken, Strategien – www.brandung-online.de
Illustrationen:	Stephan Ulrich – www.malmann.com
Druck:	Druckerei Ehnert & Blankenburg GmbH, Leipzig

ISBN 978-3-942657-03-7
1. Auflage
© 2011 Polymathes Verlag, Leipzig
Schwägrichenstraße 13, 04107 Leipzig
www.polymathes-verlag.de

Das Werk und seine Teile sind urheberrechtlich geschützt. Jede Nutzung in anderen als den gesetzlich zugelassenen Fällen bedarf der vorherigen schriftlichen Einwilligung des Verlages. Hinweis zu § 52a UrhG: Weder das Werk noch seine Teile dürfen ohne eine solche Einwilligung gescannt und in ein Netzwerk eingestellt werden. Dies gilt auch für Intranets von Schulen und Bildungseinrichtungen.

Inhaltsverzeichnis

Vorwort 7
Einleitung für Lehrende 8
Einleitung für Lernende 11

I	**Grundlagen der Kommunikation**	**12**
I.1	Erklärungsmodelle der Kommunikation	12
I.1.1	Sender-Empfänger-Modell	12
I.1.2	Situationsanalyse	15
I.1.3	Anatomie der Nachricht	17
I.1.4	Axiome der Kommunikation nach Watzlawick	19
	Exkurs: Zuhören	22
I.2	Verbale vs. nonverbale Kommunikation	22
I.2.1	Körpersprache	23
I.2.2	Sprechweise	23
	Exkurs: Sprachvarietäten	25
II	**Mit Worten überzeugen**	**28**
II.1	Argumentieren	29
II.1.1	Aufbau einer Argumentation	29
II.1.2	Argumentationsfiguren	32
II.2	Schriftlich überzeugen	33
II.2.1	Vorgehensweise	33
II.2.2	Begründete Stellungnahme	33
II.2.3	Erörterung	35
II.3	Mündlich überzeugen	36
II.3.1	Diskussion	36
II.3.2	Debatte	37
III	**Vortragen**	**40**
III.1	Entstehung des Vortrags	41
III.1.1	Stoffsammlung: Die Recherche	41
	Exkurs: Zitate	44
III.1.2	Ordnung der Gedanken: Die Gliederung	45
III.1.3	Vertiefung des Inhalts: Die Visualisierung	47
III.1.4	Planung des Vortrags: Die Konzepttechnik	49
III.1.5	Halten des Vortrags	50
	Exkurs: Unterscheidung Gegenstand und Thema	51

III.2	Medien beim Vortragen	52
III.2.1	Stimme	52
III.2.2	Computergestützte Präsentation	57
III.2.3	Handout	58
	Exkurs: Angst, vor Publikum zu sprechen	59
III.3	Kunst der Rede	61
III.3.1	Redegattungen	61
III.3.2	Sprachlicher Stil	62
III.3.3	Redeanalyse	65
	Exkurs: Feedback	68
IV	**Gespräch**	**70**
IV.1	Grundlagen des Gesprächs	70
IV.1.1	Merkmale	70
IV.1.2	Formen und Faktoren	72
IV.1.3	Phasen	74
IV.1.4	Strukturierte Gespräche	74
	Exkurs: Fragetechniken	76
IV.2	Bewerben	77
IV.2.1	Vorarbeit	78
IV.2.2	Schriftliche Bewerbung: Die erste Hürde	78
	Exkurs: Werbung – AIDA	82
IV.2.3	Mündliche Bewerbung: Das Vorstellungsgespräch	83
	Exkurs: Gender-Kompetenz	86

Vertiefende und weiterführende Literatur ... 90
Abbildungsverzeichnis ... 91
Sachregister ... 92

Vorwort

> *Je planmäßiger die Menschen vorgehen,
> desto wirksamer trifft sie der Zufall.*
> Friedrich Dürrenmatt

Ich plante meine Zukunft, indem ich mir aufgrund von Erfahrungen im Umgang mit Kindern und Jugendlichen den Beruf der Lehrerin wählte. Daher musste ich folglich ein Studium absolvieren, wobei die Fachbereiche Erziehungswissenschaften, Deutsch, Geschichte und Informatik meine besondere Aufmerksamkeit bekamen.
Zufällig entdeckte ich während dieser Zeit meine Leidenschaft für einen Teilbereich der Germanistik: die Phonetik. Diese vertiefte ich im Zusatzstudium der Sprechwissenschaft, sodass ich in Theorie und Praxis Erfahrungen in der (mündlichen) Kommunikation sammelte.
Zufällig kreuzten sich die Wege meines Doktorvaters und mir, sodass sich mein Studium des Sprechens in der Promotion fortsetzte. Während dieser Zeit durfte ich in der Lehrerbildung als Sprecherzieherin und Rhetorikdozentin tätig werden. Dabei sah ich es als Chance an, eine Schnittstelle zwischen beiden Professionen – dem Lehren und dem Sprechen – zu schaffen.
Zufällig wurde ich auf die docemus Privatschulen aufmerksam, die in ihrem humanistischen Bildungskonzept unter anderem das Fach Rhetorik anbieten. Hier konnte ich mein Wissen und meine gesammelten Erfahrungen umfassend einbringen, indem ich bei der Lehrplankonzeption für das Fach mithalf, Unterrichtsmaterialien konzipierte und ausprobierte sowie letztendlich die Gelegenheit bekam, diese als das vorliegende Lehrbuch mit Arbeitsheften zu veröffentlichen.

Vielen Wegbegleitern ist an dieser Stelle ein großer Dank auszusprechen, wobei die Gefahr groß ist, dass sich einer zu wenig angesprochen und genannt fühlt. Daher werde ich meiner Familie und Freunden, Lehrern und Professoren, Studenten und Schülern, Vorgesetzten und Kollegen persönlich und individuell meinen Dank für ihre Geduld und vielfältige Unterstützung ausdrücken.

Dr. Ramona Benkenstein
Juli 2011

Einleitung für Lehrende

Rhetorik als kulturelle Leistung

Stephan Gora (2010, S. 25) definiert den Begriff Rhetorik folgendermaßen:

> „Rhetorik ist eine allgemeine kulturelle Leistung vor allem im Bereich der gesprochenen Kommunikation."

In dieser Definition werden zwei Dinge deutlich: Zum einen hat der Begriff im Vergleich zur Antike eine enorme Erweiterung erfahren. Er meint nicht mehr nur die Übersetzung aus dem Griechischen als Kunst der Rede, sondern ebenso das verständliche Vermitteln von Informationen und die Fähigkeit, sich angemessen mündlich mit anderen zu verständigen, kurzum „die Wissenschaft, die verschiedene Aspekte der Kommunikation untersucht […] und sich vor allem mit ihrer Wirksamkeit beschäftigt" (Wagner 2006, S. 64 f.). Daraus wird deutlich, dass man sich mit den Grundlagen der Kommunikation, den Bedingungen des Vortragens und des Gesprächs sowie der Argumentation auseinandersetzt.

Zum anderen betont Gora die kulturelle Komponente in seiner Definition, was so verstanden werden kann, dass die Rhetorik sowohl vom Menschen hervorgebracht ist als auch in seinem Zusammenleben entsteht und sich verändert. Nicht nur die Analyse historischer Reden macht beispielhaft deutlich, dass auch im Mündlichen Moden herrschen und man somit die Fähigkeit besitzen muss, diese zu erkennen und sich ihnen gegebenenfalls anzupassen.

Rhetorik als Inhalt der schulischen Bildung

„Es ist ein Irrtum anzunehmen, mit dem Ende des Schulfaches Rhetorik im 18./19. Jh. sei auch letztere verschwunden." (Kolmer & Rob-Santer 2002, S. 10) Vielmehr ist Rhetorik allen Fächern und Inhalten immanent, wenn sie als mehr das Sprechen allein verstanden wird. Sie ist auch *Lesen* und *Zuhören*, um Informationen zu erhalten. Sie ist ebenso *Schreiben*, um die Gedanken zu ordnen und zu reflektieren. Summa summarum wird im Fach Rhetorik die allgemeine Sprachkompetenz gefördert, zu der die Medienkompetenz hinzu tritt, mit der die Entnahme und Bewertung von Informationen aus Medien aber auch das Gestalten von beispielsweise Visualisierungen fokussiert wird.

Die Förderung der Sprachkompetenz wird in der Tradition des 18. und 19. Jahrhunderts heute allein dem Deutschunterricht zugeschrieben, weshalb die Kultusministerkonferenz 2003 in den Bildungsstandards für das Fach Deutsch für den Mittleren Schulabschluss Folgendes beschloss:

> „Die Schülerinnen und Schüler bewältigen kommunikative Situationen in persönlichen, beruflichen und öffentlichen Zusammenhängen situationsangemessen und adressatengerecht.
> Sie benutzen die Standardsprache. Sie achten auf gelingende Kommunikation und damit auch auf die Wirkung ihres sprachlichen Handelns. Sie verfügen über eine

Gesprächskultur, die von aufmerksamem Zuhören und respektvollem Gesprächsverhalten geprägt ist."[1]

Damit wird deutlich, dass die Rhetorik nicht verschwunden ist, wohl aber ein Schattendasein in den Lehrplänen des Deutschunterrichtes fristet – nicht zuletzt durch die zum Teil mangelhafte rhetorische Ausbildung der Lehrer[2] an den Universitäten. Hier sei nur am Rande auf die problematische Situation der Sprecherziehung hingewiesen, die die Lehrer selbst befähigen könnte, die von den Schülern geforderte Standardsprache zu verwenden und damit positiv „auf die Herausbildung ihrer Normvorstellungen"[3] in Bezug auf das Sprechen einzuwirken.

Rhetorik als Teil der humanistischen Bildung

Humanismus ist der Begriff für eine Weltanschauung, die sich an der Antike orientiert und die allgemeine Bildung der Menschen fordert. Dabei bildete die Rhetorik als Teil der *septem artes liberales* und später der *studia humanitatis* ein wichtiges Element der Bildung. Daran knüpft Humboldts humanistische Bildungsidee an, die nicht das Wissen um seiner selbst willen, sondern als Mittel zur Persönlichkeitsentwicklung ansieht. Auch in diesem Rahmen spielte die Rhetorik als Schlüsselqualifikation, mit der man die (Um-)Welt ergründen und zugleich beeinflussen kann, eine wichtige Rolle.

Rhetorik als Konzept in Schule

Anknüpfend an den humanistischen Bildungsgedanken wird an den Gymnasien der docemus Privatschulen Rhetorik als **eigenständiges Fach** unterrichtet. Daher wurden Lehrpläne für die Sekundarstufe I und II verfasst und genehmigt, sodass sie bereits im praktischen Einsatz erprobt werden. Daraus ergab sich die Notwendigkeit der Lehrmittel, die nun in Form dieses Lehrbuches Rhetorica docens und der dazugehörigen Arbeitshefte Rhetorica utens vorliegen.[4]

---

1   http://www.kmk.org/fileadmin/veroeffentlichungen_beschluesse/2003/2003_12_04-BS-Deutsch-MS.pdf (Stand: 30.06.2011).
2   Im Folgenden wird für die bessere Lesbarkeit das generische Maskulinum verwenden, bei dem die weiblichen Personen mitgemeint werden, außer es handelt sich explizit um solche.
3   Lemke, Siegrun: Zur stimmlich-sprecherischen Ausbildung Lehramtsstudierender. In: Anders, Lutz C., Hirschfeld, Ursula (Hrsg.): Probleme und Perspektiven sprechwissenschaftlicher Arbeit. Frankfurt/M., Berlin, Bern 2005, S. 86.
4   Hiermit sei eine Einladung zum Feedback an den Leser ausgesprochen: Anmerkungen, Verbesserungsvorschläge oder Wünsche zu weiterem Material können gern an die Autorin gesandt werden.

Es gibt auf dem Büchermarkt zwar einige Rhetorikwerke, jedoch ist deren Zielgruppe entweder die Studentenschaft oder sie behandeln nur einen Ausschnitt des Faches, wie die Geschichte der antiken Rhetorik. Das Unterrichtsfach Rhetorik und damit die Lehrwerke der Reihe Rhetorica wollen hingegen auf der Ebene der Schüler einen Überblick über alle wichtigen Bereiche der mündlichen Kommunikation geben, mit wissenschaftlichem Anspruch,[5] aber ohne Überforderung durch Überfrachtung mit Detailwissen. Ziel ist es, dass die Lernenden sicher und angemessen in Vortrags- und Gesprächssituationen auftreten sowie durch die Auseinandersetzung mit der Theorie der mündlichen Kommunikation und historischen Rednern eigenes und fremdes Sprechen reflektieren können.

Auch wenn man zugeben muss, dass es eine schöne Utopie ist, dieses Fach in allen Schulen einzuführen, lässt sich weder über die Bedeutsamkeit der Kommunikationsfähigkeit in der Gesellschaft noch über die Forderung der Kultusministerkonferenz streiten. Daher kann das Material zum Rhetorikunterricht selbstverständlich im Deutschunterricht oder in Form von Projekten Anwendung finden.

---

[5] Die wissenschaftliche Referenz wird im folgenden Lehrwerk über Zitate hergestellt, wobei sich mit Hinblick auf die Zielgruppe gegen ein Literaturverzeichnis im klassischen Sinn entschieden wurde. Vielmehr findet man am Ende eine Liste mit weiterführender Literatur, auf die sich auch im Text bezogen wird. Alle über diese Liste hinausgehenden Literaturnachweise werden in Fußnoten aufgelistet.

Einleitung für Lernende

Non vitae, sed scholae discimus. [Seneca]
(Nicht für das Leben, sondern für die Schule lernen wir.)

Der Philosoph Seneca (4 v. Chr. –65 n. Chr.) beklagte bereits zu seiner Zeit, dass in der Schule zu viel Stoff gelehrt würde, den die Schüler sowieso nicht brauchen. Auch die Rhetorik hatte zu mancher Zeit bei den Griechen und Römern nicht den besten Ruf. Aber immer, wenn es darauf ankam, mit Worten in Volksversammlungen oder im Senat zu überzeugen, schossen Redelehrer wie Pilze aus dem Boden und die Rhetorik wurde zur bedeutsamen Disziplin.

Nun könnte der gebildete Lerner kontern, dass wir heute schließlich nicht mehr in der Antike leben und damit die Rhetorik keine Daseinsberechtigung mehr hat. Doch dieser gebildete Lerner wird sicherlich erkennen, dass das angemessene Reden in der heutigen Zeit eine wichtige Fähigkeit ist. Ob es der nächste Vortrag in der Schule, Universität oder Konferenz ist, das Streitgespräch mit Freunden, Kollegen oder dem Chef oder sogar die „Verhandlungen" um das Weihnachtsgeschenk oder Gehalt, immer ist das wirkungsvolle und überzeugende Reden wichtig, um mit anderen in Kontakt zu treten (ohne dass diese sich gleich umdrehen und gehen) und die eigenen Interessen durchzusetzen. Hierbei wird deutlich, dass Rhetorik heutzutage weit mehr ist als allein die Kunst der Rede. Vielmehr steht alles, was mit dem mündlichen und schriftlichen Kommunizieren zu tun hat, im Interesse dieser Wissenschaft. Neben der Beschreibung sind die Erforschung der Wirksamkeit sowie die Verbesserung der Kommunikation herausragende Schwerpunkte.

Die Lehrwerke der Reihe Rhetorica wollen dieses wirkungsvolle Reden fördern, indem man sich zunächst mit der Theorie der mündlichen Kommunikation beschäftigt (Rhetorica docens) und dieses neue Wissen in den Arbeitsheften (Rhetorica utens) sowie der nächsten Sprechsituation anwendet. Dabei sollte man Fehler nicht negativ betrachten, sondern als Schwerpunkt für das weitere Üben. Man kann daraus lernen und es das nächste Mal besser machen.[6]

Für den Fall, dass man die in den folgenden Kapiteln angesprochenen Themen vertiefen möchte, ist am Ende des Buches eine Liste mit weiterführender und vertiefender Literatur vermerkt. Außerdem gibt es die Lehrer, die man sicherlich mit Fragen löchern kann.

---

6 Dieses Prinzip gilt auch für dieses Lehrbuch: aufgetretene Fehler oder Unklarheiten bitte an die Autorin senden, sodass die nächste Auflage besser wird.

I Grundlagen der Kommunikation

Das Wort *Kommunikation* hat seinen Ursprung im Lateinischen und bedeutet dort so viel wie *etwas gemeinsam tun, jemandem etwas mitteilen*. Das Mitgeteilte sind zumeist Informationen jeglicher Art. Diese Übersetzung ist recht weit gefasst und bezieht sich nicht nur auf die zwischenmenschliche Verständigung, sondern auch der Informationsaustausch zwischen Maschinen (z.B. zwischen Computertastatur, Mainboard und Bildschirm, um einen Buchstaben darzustellen) und Lebewesen aller Art (z.B. das Knurren eines Hundes).

Im folgenden Kapitel wird allein die zwischenmenschliche Kommunikation thematisiert werden, da sie vor allem Gegenstand der Rhetorik ist. Dabei findet eine Vorstellung unterschiedlicher Modelle (vgl. Kapitel I. 1) und Erscheinungsformen statt (vgl. Kapitel I. 2), mit deren Hilfe man Kommunikationssituationen analysieren, erklären und planen kann.

I.1 Erklärungsmodelle der Kommunikation

Da Kommunikation im Zusammenleben der Menschen wichtig ist, gibt es Regeln, damit sie optimal funktioniert. Außerdem versucht man oft, in Konfliktsituationen die Ursache und einen Ausweg zu finden. Bevor man das jedoch tun kann, muss man verstehen, wie Kommunikation funktioniert, was einige Wissenschaftler in Form von Modellen und Axiomen (vgl. Fußnote 10) formuliert haben, die in diesem Kapitel vorgestellt werden.

I.1.1 Sender-Empfänger-Modell

Geht man davon aus, dass während der Kommunikation Informationen in Form einer Nachricht zwischen zwei Personen ausgetauscht werden, kann man diese ganz einfach darstellen: Ein Sender schickt eine Nachricht an einen Empfänger. (Vgl. Abbildung 1) Dieses Senden findet über einen Übertragungskanal statt, der als Luft, Papier oder Kabel existiert. In der Abbildung wird der Schall des Senders über die Luft an den Empfänger weitergeleitet. Damit die Kommunikation gut funktioniert, bedarf es hier optimaler Bedingungen: Beispielsweise braucht man genügend Ruhe in der Umgebung, um einander zu verstehen, anderenfalls Empfang für die Handybenutzung und unversehrte Kabel für die Übertragung von Chatnachrichten.

Abbildung 1: Einfaches Sender-Empfänger-Modell

Wenn man nun aber an eine alltägliche Kommunikationssituation denkt, sind in ihr immer noch mehr Faktoren enthalten, die man im Modell bedenken muss, wodurch Erweiterungen nötig werden. (Vgl. Abbildung 2 und Abbildung 3)

Geht man davon aus, dass der Sender allein Nachrichten übermittelt, stimmt das für die zwischenmenschliche Kommunikation in den wenigsten Fällen. Meist gibt der Empfänger während des Sendevorgangs ein Feedback, das der Sender aufnimmt und manchmal sogar darauf reagiert – beispielsweise mit Fragen wie *Warum schaust du denn aus dem Fenster, wenn ich mit dir rede?* Daher wird in Abbildung 2 das Sender-Empfänger-Modell um das Feedback des Empfängers ergänzt, das meist nicht verbal stattfindet.

Abbildung 2: Erweiterung des Sender-Empfänger-Modells um das Feedback des Empfängers

Es hat sicherlich jeder schon einmal erlebt, dass man etwas sagt und der Gegenüber versteht etwas anderes. Oft entstehen daraus Konflikte, die vermeidbar sind, wenn man sich darüber verständigt, was der eine gemeint und der andere verstanden hat. An dieser Stelle sei das Sender-Empfänger-Modell wieder erweitert (vgl. Abbildung 3): Der Sender hat eine Information, die er dem Empfänger mitteilen will – das Gemeinte. Er verpackt bzw. kodiert diesen Gedanken in Sprache – das Gesagte/Geschriebene – und macht die Information so zu einer Nachricht. Diese Nachricht wird über den Kommunikationskanal übertragen und so hoffentlich fehlerfrei zum Empfänger gebracht. Dieser hört/liest die Nachricht und entpackt bzw. dekodiert sie, das heißt, er versteht sie. Ob er sie allerdings so versteht, wie der Sender sie gemeint hat, ist von sehr vielen Faktoren abhängig, sodass man froh sein kann, wenn man sich versteht. Solche Faktoren sind beispielsweise ein ungestörter Kommunikationskanal, die gleiche Sprache und das gleiche Vorwissen.

Abbildung 3: Erweiterung des Sender-Empfänger-Modells um die Kodierung und Dekodierung

Dieses Modell hört sich komplizierter an, als es ist. Daher soll ein Beispiel zeigen, wie es anzuwenden ist.

Situation: *Daniel und sein Freund Rolf treffen sich vor dem Unterricht. Rolf sieht traurig aus, sodass Daniel nach dem Grund fragt. Rolf erzählt, dass er Krokodilstränen vergossen hat, weil sein Hamster letzte Nacht gestorben sei. Daniel kann seinen Freund nicht verstehen, denn er dachte, dass Rolf seinen Hamster gern hatte, und schaut ihn fragend an.*

Analyse: *Wo liegt das Problem in der Kommunikation? Hier ein Versuch, es mit dem Sender-Empfänger-Modell herauszubekommen:*

- Rolf meint, dass er sehr traurig wegen des Todes seines Hamsters ist.
- Er sagt, er habe Krokodilstränen geweint.
- Diese Nachricht wird fehlerfrei übertragen und gelangt an Daniels Ohr.
- Daniel hört also, dass Rolf Krokodilstränen wegen des Todes des Hamsters weinte.
- Daniel versteht, dass Rolfs Tränen nicht echt waren, sondern vielmehr geheuchelt, was die korrekte Bedeutung der Redewendung ist.

Das Problem in der Kommunikation zwischen beiden Freunden liegt also in der Kodierung Rolfs. Er nutzte die Redewendung Krokodilstränen zu weinen in falscher Bedeutung und damit kam die Nachricht zwar richtig beim Empfänger an, jedoch die Kommunikation schlug fehl. Durch das nonverbale Feedback Daniels, nämlich den fragenden Blick, verstand Rolf recht schnell, dass etwas mit der Informationsübermittlung schief ging und da beide sich schon lange kennen, sprachen sie über das Missverständnis. Schließlich wurde Rolf klar, was die Redewendung bedeutet, und Daniel verstand, dass Rolf wirklich traurig über den Tod seines Hamsters war.

I.1.2 Situationsanalyse

In dem Beispiel von Rolf und Daniel klingt bereits an, dass Kommunikation immer besser funktioniert, je länger man sich kennt. Man weiß oft, wie der andere eine Äußerung meint oder wo seine Stärken und Schwächen beim Kommunizieren liegen. Daran sieht man, dass neben den im Sender-Empfänger-Modell genannten noch mehr Faktoren die zwischenmenschliche Übermittlung von Informationen beeinflussen. Man muss hier immer beachten, in welcher Situation die Kommunikation stattfindet, weil davon die Bedeutung abhängen kann.[7] Nehmen wir das Beispiel eines Briefes,[8] der eine Nachricht übermittelt und fragen uns, wie wir ihn interpretieren können:

Wer schreibt den Brief **an wen?** (Sender, Empfänger)
An erster Stelle sind in einer Kommunikationssituation immer die Partner von Bedeutung, die Informationen austauschen. Zum einen steht jeder Mensch für sich mit seinen Erfahrungen, Gefühlen und Eigenschaften. Zum anderen ist die Beziehung zwischen beiden für das Gelingen der Kommunikation von enormer Bedeutung. Wenn sich beide streiten oder schlecht aufeinander zu sprechen sind, scheitert die Verständigung schneller, als wenn sich beide verstehen und eine gute Kommunikation anstreben.

In einem Brief kann man beim Verfassen manche Dinge nicht direkt ausdrücken, sondern zwischen den Zeilen meinen. Wenn sich beide Kommunikationspartner gut kennen, lesen sie richtig zwischen den Zeilen. Ist das nicht der Fall, kann es sein, dass der Empfänger das nicht oder falsch versteht.

Wo wurde der Brief geschrieben und wo liest man ihn? (Ort)
Der Ort der Kommunikation spielt eine nicht zu unterschätzende Rolle. Im Fall des Briefes ist es natürlich für den Sender wichtig, ob genügend Platz, Licht und Tinte hatte, ihn zu schreiben. Der Empfänger kann sich aussuchen, wo er den Brief liest – ein Liebesbrief am Arbeitsplatz, ein Bewerbungsschreiben im Bett? Beides ist wohl wenig angemessen.

---

7 Vgl. Geissner, Hellmut: Rhetorik und politische Bildung, Otzenhausen 1973.
8 Der Brief sei hier als „Rede eines Abwesenden an einen Abwesenden" (Kolmer & Rob-Santer 2002, S. 46) aufgenommen, dem seit der im Mittelalter aufkommenden Briefschreibekunst ebenso die „Gliederungskriterien einer Rede zugrunde [liegen]" (Kolmer & Rob-Santer 2002, S. 46).

Wann wurde der Brief geschrieben und wann liest man ihn? (Zeitpunkt)
Der Zeitpunkt, an dem Informationen ausgetauscht werden, kann eine Rolle spielen.
Wenn beispielsweise der Klassenlehrer den Eltern einen Brief über die versäumte Zahlung des Geldes für die Bildungsfahrt schreibt, jedoch der Brief erst eintrifft, als die Zahlung bereits getätigt wurde, kann das zu Unmut bei den Eltern führen. Auf der anderen Seite ist aber auch der Zeitpunkt des Empfangs entscheidend. Möchte man sich beispielsweise verabreden und schlägt einen Termin vor, der Empfänger liest diesen Vorschlag jedoch zu spät, kann keine Verabredung zustande kommen.

Was steht in dem Brief? (Inhalt)
Der Inhalt der Kommunikation entscheidet unter anderem über die Form, über die man unbewusst kommuniziert z.B. sachlicher oder persönlicher Brief, Standard- oder Jugendsprache.
Bewirbt man sich, macht man das meist in Briefform. Diese Bewerbungsschreiben haben beispielsweise feste Vorgaben, die Sender und Empfänger kennen müssen.

Wie ist der Brief verfasst? (Art und Weise)
Die Art und Weise der Kommunikation vermittelt ebenso Informationen wie der reine Inhalt.
Hält man sich beispielsweise nicht an die Vorgabe eines Bewerbungsschreibens oder eines sachliches Briefes, fragt sich der Empfänger, ob es der Sender nicht besser wusste? Hier zählt auch die richtige Verwendung der Sprache mit hinein, durch die man Dinge über sich preisgibt, auch wenn man es nicht beabsichtigt.

Warum wurde ein Brief verfasst? (Anlass)
Es steht außer Frage, dass es wichtig ist, aus welchem Grund kommuniziert wird.
Wenn ein Brief aus der Schule nach Hause geschickt wird, macht es einen Unterschied, ob der Lehrer die Eltern zu den hervorragenden Leistungen ihres Kindes beglückwünschen oder um ein Gespräch wegen der wiederholten Missachtung der Schulordnung bitten möchte.

Wozu wurde der Brief verfasst? (Ziel)
Zum Schluss, aber deshalb nicht weniger wichtig, sei das Ziel der Kommunikation genannt. Man muss sich fragen, was möchte ich mit der Kommunikation erreichen?
Wenn man in einem kurzen Gruß den Eltern sagen will, dass man bei Freunden ist, wird man keinen sachlichen Brief verfassen. Möchte man hingegen eine Kündigung schriftlich einreichen, bedarf das einer gewissen Form.

Diese Leitfragen zur Analyse einer Kommunikationssituation sind selbstverständlich auf jeden – auch mündlichen – Fall anwendbar. Man sieht anhand der Beispiele aber, dass Kommunikation ein schwieriger Prozess ist, wobei man natürlich nicht immer alle genannten Modelle und Faktoren beim Informationsaustausch im Kopf haben kann. Wichtiger ist jedoch, dass man, wenn Kommunikation besonders wichtig ist (z.B. im Vorstellungsgespräch) oder scheitert (z.B. im Streit), Möglichkeiten kennt, die Situation zu analysieren, zu planen und das Beste daraus zu machen.

I.1.3 Anatomie der Nachricht

Kommunikation wird vor allem als Austausch von Informationen definiert, der von einem Sender zum Empfänger erfolgt. In der zwischenmenschlichen Kommunikation werden jedoch nicht nur **Sachinhalte** ausgetauscht, sondern auch **Beziehungen** untereinander geschlossen, gefestigt und aufgelöst sowie **Appelle** an andere gesandt. Außerdem gibt der Empfänger immer auch ein wenig von sich selbst preis, wenn er eine Nachricht sendet (z.B. zeigte Rolf auf Seite 14, dass er die korrekte Bedeutung der Redewendung *Krokodilstränen weinen* nicht kennt), in Form einer **Selbstoffenbarung**.

Diese unterschiedlichen Aspekte in der Kommunikation hat der Wissenschaftler Friedemann Schulz von Thun[9] in einem Modell zusammengefasst: Das Kommunikationsquadrat. Er geht davon aus, dass jede Nachricht vier Seiten hat. (Vgl. Abbildung 4)

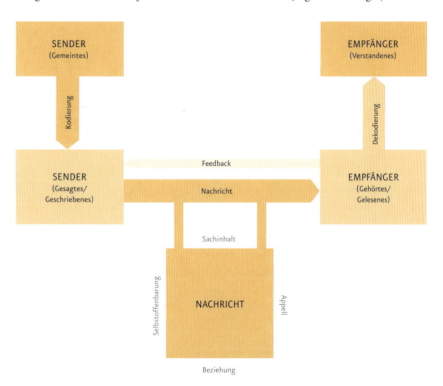

Abbildung 4: Kommunikationsquadrat nach Schulz von Thun kombiniert mit dem Sender-Empfänger-Modell

---

9 Vgl. Schulz von Thun, Friedemann: Miteinander reden 1. Störungen und Klärungen. Allgemeine Psychologie Kommunikation, Reinbek bei Hamburg 1981.

Die vier Seiten einer Nachricht werden in der konkreten Kommunikationssituation nicht alle gleichermaßen betont. Beispiele aus der Praxis sollen im Folgenden verdeutlichen, was mit der Betonung einer Seite gemeint ist:

- Die Sachinhaltsseite steht im Vordergrund, wenn man einen Vortrag hält, denn man möchte vorrangig Informationen vermitteln.
- Die Appellseite wird betont, wenn der Lehrer Hausaufgaben aufgibt.
- Die Beziehungsseite ist am wichtigsten, wenn man sich gegenseitig die Freundschaft beteuert und sich Komplimente macht.
- Die Selbstoffenbarungsseite ist immer dann im Fokus, wenn jemand bewusst oder unbewusst prahlt und von sich erzählt, denn dann gibt er Dinge von sich preis.

Auch wenn der Fokus des Senders auf einer Seite liegt, was dieser oft nonverbal verdeutlicht, so sind die anderen drei Seiten immer noch existent, nur im Hintergrund. Möchte man beispielsweise in einem Vortrag vorrangig Informationen vermitteln, gibt man aber zugleich etwas über sich und seine Stimmung preis, ebenso über die Beziehung zu dem Publikum (z.B. durch das Duzen) und appelliert an die Zuhörer, aufmerksam zu sein.

Das Schwierige in der Kommunikation ist nun, dass der Empfänger entschlüsseln muss, welche Seite der Sender gerade betont. Immerhin hat er die Möglichkeit, alle vier Seiten zu hören. Schulz von Thun spricht daher vom vierohrigen Empfänger. Meist gibt der Sender zwar eine Interpretationshilfe, indem er verbal den Appell als Bitte deutlich macht oder nonverbal (vgl. Kapitel I. 2) die Beziehung anzeigt. Trotzdem liegt hier eine große Gefahr des Missverstehens. Im folgenden Beispiel wird eine konkrete Situation besprochen, wobei sowohl die Sender- als auch die Empfängerseite thematisiert werden.

Situation: *Zwei Freundinnen treffen sich, weil sie gemeinsam zum Schulball gehen wollen. Daher haben sie sich chic zurecht gemacht. Nach der Begrüßung meint Felicitas zu Susanne: „Du siehst gut aus!"*

Analyse: *Welche Botschaften sendet Felicitas mit diesem Satz möglicherweise?*

- **Sachinhalt (Worüber informiert man?)**: *Du siehst gut aus. Mir gefällt dein Aussehen.*
- **Appell (Was möchte man, das getan wird?)**: *Zeig dich auch mal von der anderen Seite!*
- **Beziehung (Wie steht man zu dem anderen? Was hält man von ihm?)**: *Du bist meine Freundin und ich duze dich, daher kann ich mir Anmerkungen zu deinem Aussehen erlauben. (Zu einem Vorgesetzten sagt man so etwas meist nicht.)*
- **Selbstoffenbarung (Was gibt von sich selbst zu erkennen?)**: *Ich bin wach, sehend, deutschsprechend, weiblich, möglicherweise überrascht und habe einen bestimmten Modegeschmack.*

Susanne könnte in dem Beispiel wie folgt auf Felicitas Kompliment reagieren – je nachdem, welche Seite der Nachricht sie als hervorgehoben versteht:

- **Sachinhalt (Worüber wird man informiert?)**: *„Dann hat sich die Zeit im Bad und vor dem Kleiderschrank gelohnt."*
- **Appell (Was soll man tun?)**: *Sie dreht sich vor ihrer Freundin.*
- **Beziehung (Wie steht der andere zu mir?)**: *„Ich finde es schön, dass wir befreundet sind."*
- **Selbstoffenbarung (Was gibt der andere von sich preis?)**: *„Schön, dass du den gleichen Modegeschmack hast."*

Die vier Seiten einer Nachricht kann man beim Kommunizieren nicht immer im Auge behalten. Dieses Modell eignet sich aber gut, in Konfliktsituationen innezuhalten und zu überlegen, was möglicherweise in der Kommunikation misslungen ist. Hat man zum Beispiel nicht deutlich genug seine Bitte ausgesprochen und ärgert sich jetzt, dass der andere ihr nicht nachgekommen ist?

I.1.4 Axiome der Kommunikation nach Watzlawick

Während das Sender-Empfänger-Modell Kommunikationssituationen beschreibt, formulierte Paul Watzlawick grundsätzliche Regeln für die Kommunikation und hielt sie in fünf Axiomen[10] fest.[11]

1. AXIOM: MAN KANN NICHT NICHT KOMMUNIZIEREN.

Immer, wenn mindestens zwei Menschen aufeinandertreffen, kommunizieren sie. Selbst wenn sie nicht miteinander reden wollen, weil sie sich beispielsweise gestritten haben, vermitteln sie damit dem Gegenüber, dass sie ihm eben nichts zu sagen haben. Dieses Axiom schließt mit ein, dass es nicht nur verbale, sondern auch nonverbale Kommunikation gibt. (Vgl. Kapitel I. 2)

2. AXIOM: JEDE KOMMUNIKATION HAT EINEN INHALTS- UND EINEN BEZIEHUNGSASPEKT, WOBEI LETZTERER DEN ERSTEREN BESTIMMT.

Am Anfang dieses Kapitels wird gesagt, dass Kommunikation die Übermittlung von Informationen ist. Mit dem zweiten Axiom findet eine Erweiterung des Begriffs der Information statt, sodass nicht nur der reine Sachinhalt gemeint ist, sondern auch Angaben zur Beziehung der Kommunikationspartner untereinander. Dieser Beziehungsaspekt wird meist nonverbal gesendet und sogar über den Sachinhalt gestellt, denn dieser ist zum Teil von der Beziehung abhängig. Es sei nur an Freund- und Feindschaften gedacht: Würde man jedem alles erzählen?

---

10 Ein Axiom ist ein nicht zu beweisender, aber feststehender Grundsatz.
11 Vgl. http://www.paulwatzlawick.de/axiome.html (Stand: 30.06.2011).

Zudem ist es meist nicht möglich, wenn auf der Beziehungsebene ein Konflikt besteht, über den Sachinhalt angemessen zu sprechen.

Des Weiteren gibt der Beziehungsaspekt dem Empfänger eine Interpretationshilfe, wie er den Sachinhalt verstehen kann. Gerade bei Ironie muss beispielsweise nonverbal deutlich gemacht werden, dass man das Gesagte nicht so meint. Wenn aber die Beziehung solch übertragene Bedeutungen nicht zulässt, weil man den anderen noch nicht so gut kennt, können Kommunikationssituationen scheitern.

3. AXIOM: DIE NATUR EINER BEZIEHUNG IST DURCH DIE INTERPUNKTION DER KOMMUNIKATIONSABLÄUFE SEITENS DER PARTNER BEDINGT.

Dieses Axiom erklärt, dass die Kommunikationspartner aufeinander reagieren, wobei jeder seine eigene Wirklichkeit aufgrund zurückliegender Ereignisse und Erfahrungen aufbaut. Eine Kommunikationssituation lässt sich demnach nicht einfach als Abfolge von Ereignissen beschreiben, sondern jeder Teilnehmer bringt seine eigene Sichtweise und persönliche Erfahrungen mit ein. Daher interpretiert er eine bestimmte Situation anders, reagiert auf eine gewisse Weise, wodurch er die weitere Kommunikation beeinflusst. Niemand sieht also eine Sache oder Beziehung gleich an, sondern immer aus seinem Blickwinkel. Wenn man diese Grundannahme vernachlässigt, kann es zu Konflikten kommen.

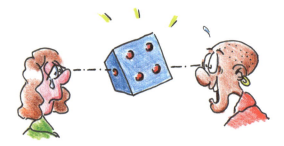

Beispielsweise ist der Lehrer genervt, weil die Schüler wieder nicht mitarbeiten, und tadelt sie dafür. Die Schüler sind genervt, weil der Lehrer sie tadelt, sind noch lustloser und arbeiten weniger mit. Das nervt wiederum den Lehrer usw. Der Lehrer geht davon aus, dass die Schüler erst lustlos waren, die Schüler gehen davon, dass der Lehrer erst immer geschimpft hat. Man wird sich in solchen Fällen wohl nie auf eine gemeinsame Interpretation einigen können, sondern nur noch einen Ausweg gemeinsam planen. Statt permanent auf die Reize des Gegenüber zu reagieren und so in einen Konflikt zu steuern, sollte man die Situation thematisieren: Der Lehrer bemängelt im Gespräch die fehlende Motivation der Schüler statt nur genervt zu sein und zu tadeln. Die Schüler bekommen Gelegenheit, ihre Sicht darzustellen. So können beide Seiten ihr Verhalten reflektieren und sich auf eine gemeinsame Strategie für das weitere Zusammenarbeiten einigen.

4. AXIOM: MENSCHLICHE KOMMUNIKATION BEDIENT SICH DIGITALER UND ANALOGER MODALITÄTEN.

Mit dem vierten Axiom ist gemeint, dass Menschen zumeist verbal (= digital) und nonverbal (= analog) miteinander kommunizieren. Der verbalen Verständigung werden dabei mehr Regeln z.B. im Satzbau, der Rechtschreibung und Grammatik zugeschrieben (= logische

Syntax). Sie ist jedoch in Bezug auf den Beziehungsaspekt weniger aussagekräftig, dafür werden aber Sachinformationen in Wort und Schrift eindeutig auf diesem Weg vermittelt. Die nonverbale Kommunikation (vgl. Kapitel I. 2) hingegen kennt keine eineindeutigen Regeln und „Übersetzungen", kann jedoch zum Gestalten der Beziehungsebene maßgeblich beitragen, wo selten jede Emotion verbalisiert, sondern meist über Blicke, Gesten oder stimmliche Veränderungen kommuniziert wird.

5. AXIOM: ZWISCHENMENSCHLICHE KOMMUNIKATIONSABLÄUFE SIND ENTWEDER SYMMETRISCH (GLEICHWERTIG) ODER KOMPLEMENTÄR (ERGÄNZEND), JE NACHDEM OB DIE BEZIEHUNG ZWISCHEN DEN PARTNERN AUF GLEICHHEIT ODER UNTERSCHIEDLICHKEIT BERUHT.

Kommunikation kann entweder unter gleichgestellten Kommunikationspartnern stattfinden, dann ist sie symmetrisch. In diesem Fall begegnen sie sich „auf Augenhöhe", das heißt, jeder hat das Recht, das Thema zu bestimmen, das Gespräch zu unterbrechen und zu beenden.

Wenn die Gesprächssituation komplementär ist, stehen sich Kommunikationspartner gegenüber, von denen sich einer unterordnen muss oder will. Das kann durch die Rolle bedingt sein, wenn sich beispielsweise Lehrer und Schüler verständigen. Jedoch auch zwischen Freunden ist das Entstehen einer komplementären Kommunikationssituation möglich: wenn nämlich auf einem Gebiet einer von beiden einen Wissensvorsprung hat, ist er dem anderen zeitweise übergeordnet. Unter Freunden versucht man dann meist, zu einer symmetrischen Kommunikation zu gelangen, indem man dem anderen weiterhilft oder ihn an seinem Wissen teilhaben lässt.

Exkurs: Zuhören

Beim Austausch von Informationen, also bei jeder Art der Kommunikation, bedarf es zweier Grundbedingungen (vgl. Kapitel I. 1. 1): Sender und Empfänger. Wenn diese erfüllt sind, kann man nach Watzlawick nicht nicht kommunizieren (vgl. Kapitel I. 1. 4). Damit Kommunikation nicht nur stattfindet, sondern gelingt, braucht es mehr als diese zwei Faktoren, was das Kapitel *Grundlagen der Kommunikation* thematisiert. Neben dem klar kommunizierenden Sender braucht auch der Empfänger eine besondere Fähigkeit, die im Vortrag und Gespräch grundlegend ist: das Zuhören.

Man unterscheidet im Deutschen die Wörter Hören – Hinhören – Zuhören,[12] wobei die Wortfolge eine Steigerung der Komplexität der Tätigkeit beinhaltet.

Das **Hören** meint allein die Fähigkeit, dass das Ohr Geräusche aufnehmen kann. Das Interesse ist nicht auf das Geräusch gerichtet. Man hört beispielsweise, dass der Kommunikationspartner etwas sagt, beschäftigt sich jedoch weiter damit, eine SMS fertig zu schreiben.

Mit **Hinhören** ist das bewusste Aufnehmen des Gesprächsinhaltes gemeint, jedoch ohne die Bemühung, das Gesagte zu verstehen und nachzuvollziehen. Man hört in einem Gespräch auf die Worte des Gesprächspartners, gibt sich jedoch keine Mühe, seine Motive und Ziele zu ergründen. Man wartet nur auf den Moment, selbst zu Wort zu kommen.

Beim **Zuhören** schenkt man sich gegenseitig die volle Aufmerksamkeit, sodass man neben den verbalen auch die nonverbalen Zeichen wahrnimmt und „zwischen den Zeilen" hört. Man konzentriert sich auf die Worte des Gegenübers, zeigt ihm (meist nonverbal) die Aufmerksamkeit und nimmt seine Gefühle wahr. Alles zusammen signalisiert dem Gesprächspartner, dass er ernst genommen wird.

I.2 Verbale vs. nonverbale Kommunikation

Paul Watzlawick formulierte als einen Grundsatz der Kommunikation: Man kann nicht nicht kommunizieren[13], was so viel meint, dass in Gegenwart eines zweiten Menschen alles Kommunikation ist. Wenn man unter Kommunikation allein den Austausch von Informationen mit Worten versteht (verbale Kommunikation), würde man Watzlawick wohl nicht zustimmen, denn schweigend kann man keine Informationen austauschen. Was ist jedoch in den Situationen, in denen ein Lächeln oder eine Träne mehr sagt, als Worte das in dem Moment tun könnten? Werden dann keine Informationen gesendet? Doch, Informationen

---

12 Vgl. http://www.rhetorik.ch/Hoeren/Hoeren.html (Stand: 30.06.2011).
13 In Kapitel I. 1. 4 sind dieser und andere Grundsätze (Axiome) näher erläutert.

entnimmt man nicht nur den Worten, sondern ebenso zusätzlich gesendeten Zeichen, dem Nonverbalen.

Um die nonverbale Kommunikation noch besser zu beschreiben, kann man sie weiter in die Körpersprache und Sprechweise einteilen (vgl. Abbildung 5), die im Folgenden erklärt werden.

I.2.1 Körpersprache

Die Körpersprache lässt von ihrem Wort her schon erahnen, dass es sich um eine eigene Informationsvermittlung mit Hilfe des Körpers handelt, die gemeinsam mit, aber auch unabhängig von der verbalen Kommunikation existieren kann. Wenn man jemandem nach getaner Arbeit den erhobenen Daumen zeigt, muss man ihm nicht mehr sagen, dass die Arbeit gut war. Während das Sprechen mit Worten meist eineindeutig ist, fällt das bei der Körpersprache schwerer. Man muss hier aufgrund seiner Erfahrungen und der Beziehung zum Kommunikationspartner eine große Interpretationsleistung erbringen, die auch misslingen kann.

Zur Körpersprache gehören Mimik und Gestik, Haltung und Blickkontakt, aber auch die Bewegung im Raum (= Proxemik) und das äußere Erscheinungsbild (z.B. Kleidung, Frisur), so tragen beispielsweise Fans bedruckte T-Shirts oder Punks eine gewisse Frisur zur Schau.

I.2.2 Sprechweise

Unter dem Begriff Sprechweise sind all die Informationen zusammengefasst, die die verbalen Zeichen begleiten. Das heißt, ohne die verbale Kommunikation ist die Sprechweise nicht möglich. Hierzu gehören die Betonung mit der Lautstärke und dem Sprechtempo sowie der Stimmlage und -führung, jedoch ebenso die Aussprache und der Dialekt.

Man kann sich vorstellen, dass die Sprechweise wie eine Melodie über den Worten liegt. Sie gibt der verbalen Kommunikation – dem Text, den man auch einfach aufschreiben könnte – einen Klang, mit dessen Hilfe man die Worte besser verstehen und interpretieren kann.

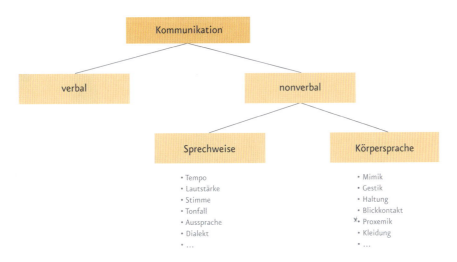

Abbildung 5: Übersicht zur verbalen und nonverbalen Kommunikation

Es wird also deutlich, dass man den Begriff der Kommunikation weiter fassen muss und neben der verbalen die nonverbale Kommunikation beim Erklären von Situationen nicht außen vor lassen darf. Letztgenannte hat nach Allhoff und Allhoff (2006, S. 23 ff.) folgende wichtige Funktionen:

1. **Sie dient der Begleitung und Unterstützung des Gesagten.**
Mit Mimik und Gestik kann man das Gesagte bekräftigen und auch die Stimme hebt sich bei wichtigen Informationen.

2. **Sie schwächt das Gesagte ab.**
Nonverbale Signale können das Gesagte nicht so heftig erscheinen lassen. Wird ein Schüler zwar getadelt, jedoch das Gesicht und die Stimme des Lehrers sind weniger streng, ist der Tadel weniger hart.

3. **Sie verstärkt das Gesagte.**
Dinge, die in der Situation sehr wichtig sind, werden oft nonverbal unterstrichen, indem beispielsweise auf den Fleck gezeigt wird, während man über ihn schimpft.

4. **Sie steht im Widerspruch zum Gesagten.**
Der Widerspruch zwischen verbaler und nonverbaler Kommunikation kann gewollt sein, wenn beispielsweise Ironie eingesetzt wird.
In manchen Fällen entsteht dieser Widerspruch aber ungewollt. Auf der einen Seite sei die verbale Lüge, auf der anderen starke Emotionen wie Aufregung oder Lampenfieber (vgl. Exkurs: Angst, vor Publikum zu sprechen, S. 42) aufgeführt. Der Gegenüber glaubt hierbei meist mehr den nonverbalen Zeichen als den Worten, weil erstgenannte nicht immer beeinflussbar sind wie zum Beispiel das Erröten. So können sie Lügner verraten oder bei Aufregung zu Missverständnissen führen.

5. **Sie steht anstelle des Gesagten und ersetzt es somit.**
Anstelle der Worte können auch Zeichen stehen, z.B. Kopfnicken, Vogelzeigen. Hier ist jedoch wichtig, dass die Kommunikationspartner die gleiche nonverbale Sprache sprechen, sodass jeder mit den Zeichen des anderen etwas anfangen und sie richtig interpretieren kann. In Tauchschulen wird daher die nonverbale Kommunikation gleich zu Beginn vermittelt, sodass die genaue Verständigung unter Wasser möglich ist und es im Ernstfall zu keinen Verwechslungen kommt.

6. **Sie macht das (Nicht-)Verstehen des Gegenübers deutlich.**
Durch nonverbale Signale kann der Gegenüber zeigen, dass er (nicht) verstanden hat, worum es in der Nachricht geht, oder auch, dass er (nicht) einverstanden ist mit dem, was gerade gesagt wurde.

Grundlagen der Kommunikation

7. Sie zeigt das Zuhören des Gegenübers an.
Als Sender ist man auf das Feedback des Empfängers angewiesen. Dabei möchte man sich nicht ständig dazwischen reden lassen, sondern nonverbale Zeichen genügen: An einem Nicken ist ablesbar, dass man verstanden wird, an einer gerunzelten Stirn, dass etwas nicht stimmt, oder am leisen Schnarchen, dass man den Vortrag beenden kann. Oder sollte es nur daran liegen, dass der Zuhörer nicht ausgeschlafen ist?

8. Sie regelt den Ablauf eines Dialogs.
Meist verständigen sich die Kommunikationspartner nonverbal, wer gerade Sender und Empfänger ist. Man kann beispielsweise stimmlich anzeigen, dass man gern noch weiter Sender wäre, indem man schneller und lauter spricht sowie möglicherweise Gestik und Mimik einsetzt. Wird man hingegen langsamer und leiser im Sprechen und lässt die Sprechmelodie nach unten gehen, ist das ein Zeichen für den Empfänger, dass er gleich sprechen kann.

9. Sie zeigt die Stimmung der Kommunikationspartner an.
Mit nonverbaler Kommunikation kann man seine Stimmung in Bezug auf die Nachricht und/oder den Gesprächspartner anzeigen. Hierzu zählt beispielsweise auch die passende Kleidung als Wertschätzung der Situation.

10. Sie macht die Beziehung zwischen den Kommunikationspartnern deutlich.
Man muss nicht immer aussprechen, wie nahe man sich steht, sondern zum Beispiel über die Lautstärke, den Blickkontakt und die Körperhaltung stellen Sender und Empfänger ihre Beziehung zueinander dar.

Die vorgestellten Funktionen der nonverbalen Kommunikation zeigen, dass sie in der Kommunikationssituation eine Menge zur Verständigung beiträgt. Es ist jedoch wichtig, dass man sich immer wieder verdeutlicht, dass die nonverbale Kommunikation nicht so klaren Regeln unterliegt wie die verbale Kommunikation (z.B. Rechtschreibung, Grammatik), sodass sie kaum eineindeutig interpretiert werden kann. Daher sind Kataloge, in denen Gesten und Mimen pauschal mit Bedeutungen belegt werden, eher fragwürdig. (Vgl. Wagner 2006, S. 97 ff.)

Exkurs: Sprachvarietäten

Beim Sprechen nutzt man die nonverbale Kommunikation, um unter anderem Beziehungen und Stellungnahmen auszudrücken. Neben der Körpersprache eignet sich dafür die Sprechweise in besonderem Maße. Nicht ohne Grund sagt eine Spruchweisheit: Der Ton macht die Musik. Die Betonung gibt Hinweise, wie eine Äußerung zu verstehen ist.
Durch die Veränderung der (Aus-) Sprache vermittelt man darüber hinaus meist unbewusst zusätzliche Informationen: aus welchem Gebiet kommt man (Dialekt) und zu welcher Gruppe fühlt man sich zugehörig (Soziolekt). Diese Sprachvarietäten sollen im folgenden Kapitel vorgestellt werden.

Dialekt – geografische Unterschiede in der Sprache

Für das Verständnis der geografischen Unterschiede in der Sprache muss man sich die deutsche Geschichte in Erinnerung rufen: Seit der Kaiserkrönung Ottos des Großen 962 vereinte das Heilige Römische Reich deutscher Nation als „Altes Reich" viele Volksstämme unter einem Kaiser, jedoch auch unter vielen Fürsten. In der Tradition Karls des Großen, der die Sachsen sogar durch Krieg vom Christentum überzeugen wollte, hielt der gemeinsame christliche Glaube das Reich zusammen, auch wenn es keine gemeinsame Sprache gab. „Weil [...] in Deutschland (im Gegensatz zu Frankreich mit Paris oder England mit London) ein politisches Zentrum fehlte, wurde kein einzelner Dialekt Grundlage der Hochsprache."[14] Durch die Reformation und die sich anschließende „Glaubensfreiheit" war es mit dieser Einheit ab 1555 vorbei, sodass das Heilige Römische Reich deutscher Nation in viele Teile zerfiel, die oft ihre eigene Sprache förderten. Erst um 1800 gab es eine einheitliche Schriftsprache, dennoch wurden weiterhin die unterschiedlichen Dialekte gesprochen. Teile dieser Geschichte sind heute noch hörbar, wenn man durch Deutschland reist – die Unterschiede von der Nord- und Ostseeküste bis nach Bayern. In einigen Gegenden (mehr im Süden) sprechen die Menschen sogar zwei Sprachen: den Dialekt, der sich grammatikalisch und von dem Wortbestand her zum Teil von Dorf zu Dorf unterscheidet, und die Standardsprache, die man über ihr Dorf hinweg, im deutschen Sprachraum versteht. Es gibt allerdings nur wenige echte Dialektsprecher. Oft verschmelzen Dialekt und Standardsprache[15] zu einer so genannten dialektal gefärbten Umgangssprache, die meist auch in anderen Dialektgebieten verstanden wird. Man hört jedoch deutlich, aus welchem Teil Deutschlands der Sprecher kommt.

WELCHE DIALEKTE GIBT ES?

Es gibt im Deutschen zahlreiche Dialekte, die sich aufgrund von Ähnlichkeiten untereinander zu größeren Dialektlandschaften bzw. Sprachräumen zusammenfassen lassen. Von Nord nach Süd spricht man vom Niederdeutschen, Mitteldeutschen und Oberdeutschen, wobei die letzten beiden Dialektlandschaften zum Hochdeutschen zusammengefasst werden, weil ihnen gemeinsam ist, dass sie Merkmale der zweiten Lautverschiebung aufweisen (z.B. pp ➔ pf, also Apfel statt Appel).[16]

Man kann jedoch keine starren Grenzen zwischen den Dialekten festlegen, sondern vielmehr von Übergangsbereichen sprechen, in denen man Merkmale des einen und anderen Dialektes findet. Des Weiteren darf man bei der Einteilung nicht von politischen Grenzen ausgehen, denn im Bundesland Thüringen beispielsweise ist sowohl das Thüringische als auch das Ostfränkische zu hören. In diesem Zusammenhang lässt sich eher beobachten, dass natürliche Besonderheiten (wie die Erhebungen des Thüringer Waldes) Grenzen zwischen den Dialekten bilden. Ein dritter Aspekt ist, dass die Mobilität in den letzten Jahren enorm zugenommen hat, sodass man selten zusammen mit der Familie das gesamte Leben

---

14 Göttert, Karl-Heinz: Deutsch. Biografie einer Sprache, Berlin 2010, S. 19–20.
15 Standard(aus)sprache ist der Fachbegriff für das umgangssprachlich gemeinte „Hochdeutsch". Da jedoch der Wortbestandteil „hoch" mit einer Wertung verbunden sein kann, ist es besser, vom Standard zu sprechen. Wie in diesem Kapitel deutlich wird, ist es manchmal besser, dialektnah zu sprechen, ohne dass es mit einem schlechteren Stil einhergeht. (Vgl. Wagner 2006, S. 119)
16 Kartografische Darstellungen sind unter anderem im Deutschen Sprachatlas zu finden: http://www.uni-marburg.de/fb09/das (Stand: 30.06.2011).

in einem Ort bleibt. Somit lernt man unterschiedliche Sprachräume bereits in der Familie oder bei Umzügen kennen und legt sich zumeist nicht auf einen in der Aussprache fest.

WARUM SPRICHT MAN NOCH HEUTE DIALEKT?
In der Formulierung der Frage wird bereits deutlich, dass der Dialekt und die dialektal gefärbte Umgangssprache dem Mündlichen vorbehalten sind. In Ausnahmefällen, beispielsweise in der Mundartdichtung[17], versucht man, mit den bekannten Schriftzeichen den Dialekt abzubilden. Dialekt hat vor allem zwei wichtige Funktionen: Er ist anschaulich durch seinen anderen Wortschatz und kann daher in der verbalen, mündlichen Kommunikation hilfreich sein. Auf der anderen Seite stellt er Gemeinschaft und Nähe her, indem alle Dialektsprecher in der Sprache eine Gemeinsamkeit finden. Sprecher, die hingegen einen anderen oder keinen Dialekt sprechen, gehören nicht dazu.

WARUM SOLLTE MAN STANDARDDEUTSCH SPRECHEN?
Zum einen wird ein Standardsprecher überregional verstanden, was in manchen Situationen, z. B. bei einem Vortrag in einer fremden Stadt/Region, hilfreich ist.[18] Außerdem sollte man die Dialektvorurteile nicht unterschätzen: Dialekte unterliegen meist einer Bewertung, die sich aber auch mit der Zeit ändern kann: Goethe lernte in Leipzig/Sachsen noch gutes Deutsch (vgl. Wagner 2006, S. 40), heute wird das Sächsische beispielsweise im Film eingesetzt, um Menschen dumm dastehen zu lassen. Dabei wird ein falscher Zusammenhang zwischen einer niederen Bildungsschicht und Dialekt gezogen (vgl. Wagner 2006, S. 118), der sich auf die Einschätzung des Sprechers auswirkt.

Zusammenfassend muss man feststellen, dass man für das „gute" Sprechen nicht pauschal sagen kann, dass der Dialekt oder die Standardsprache einzig möglich sind. Vielmehr ist es wichtig, auf die Situation und den Kommunikationspartner abgestimmt, beide einsetzen zu können. Bei einem Vortrag ist allein die Standardsprache angemessen, in einem persönlichen Gespräch kann die Anwendung von Dialekt und Soziolekt beziehungsfördernd sein, indem man über die Sprache Gemeinschaft herstellt.

Soziolekt – soziale Unterschiede in der Sprache

Jede soziale Gruppe versucht, sich gegenüber anderen abzugrenzen: man hat einen bestimmten Kleidungsstil oder trifft sich an bestimmten Orten (z.B. Disco, Club, Vereinshaus). Ein ähnliches Prinzip gilt für Sprache sozialer Gruppen wie Jugendliche oder Fachgruppen (z.B. Physiker, Ärzte): Man verwendet außergewöhnliche Abkürzungen oder Wörter, spricht sie auf eine besondere Weise aus (z.B. Kanak Sprak) und verwendet manchmal die Stimme in gewisser Weise. Diese Besonderheiten im Sprachgebrauch dienen auf der einen Seite dazu, andere auszuschließen, weil sie einfach nicht verstehen, was gesagt wird. Auf der anderen Seite wird jedoch auch eine Einheit unter den Gruppenmitgliedern geschaffen, denn die Sprache ist ihre Gemeinsamkeit.

---

17 Vgl. beispielsweise Voigt, Lene: Säk'sche Glassiger, Reinbek bei Hamburg 2002.
18 Die Forschung beschäftigt sich aktuell in diesem Zusammenhang mit der Standardsprache bzw. ihrer Variation beim Sprechen. (Vgl. http://www.ids-mannheim.de/prag/AusVar/Deutsch_heute (Stand : 30.06.2011))

II Mit Worten überzeugen

In vielen Alltagssituationen vertritt man seine Meinung gegenüber anderen Menschen. Oftmals genügt es dabei nicht, diese einfach nur zu äußern, sondern man muss sie zudem begründen, damit der Gegenüber sie nachvollziehen und angemessen darauf reagieren kann. So wäre es dem Kind in der oben aufgeführten Beispielsituation möglich, den Eltern den Übernachtungswunsch so einleuchtend zu begründen, dass er in Erfüllung geht. Unter den Freunden könnte eine Diskussion entbrennen, in der jeder dem anderen seine Meinung darlegt. Wie man es jedoch schafft, vor allem mit Worten zu überzeugen, soll im folgenden Kapitel besprochen werden. Dabei steht zuerst das (schriftliche) Argumentieren im Vordergrund, da es durch das Ordnen der Gedanken die Basis und meist den ersten Schritt vor dem (mündlichen) Diskutieren und Debattieren darstellt.

II.1 Argumentieren

ARGUMENTUM <LAT. BEWEIS (-MITTEL)>

Die Fähigkeit des Argumentierens, also das Darlegen von Gründen für oder gegen eine Behauptung, zeigt sich in vielen Bereichen als notwendig und wichtig. Auf der einen Seite muss man seine eigene Meinung überzeugend vertreten. Jedoch sollte man auf der anderen Seite ebenso in der Lage sein, die Argumentation eines anderen zu durchschauen und an „undichten Stellen" einzuhaken sowie zu kritisieren. Daher ist es wichtig, zunächst den grundlegenden Aufbau einer Argumentation kennenzulernen und anschließend diesen in schriftlicher Form (begründete Stellungnahme, Erörterung) und mündlicher Form (Diskussion, Debatte) anzuwenden.

II.1.1 Aufbau einer Argumentation

ARGUMENTATIO <LAT. BEWEISFÜHRUNG>

Eine Argumentation ist eine zusammenhängende Darlegung von meist mehreren Beweisen für (oder gegen) eine These.

Mit dem Begriff *These* bezeichnet man eine Behauptung, Forderung, ein Urteil und/oder eine Meinung. Diese wird mithilfe von Beweisen begründet, die sich wiederum aus je einem Argument und seiner Stütze zusammensetzen. Ein Argument, das aus Tatsachen und Fakten oder Erfahrungen besteht, benötigt beim Argumentieren eine Erläuterung und Veranschaulichung, weshalb man anschließend oftmals ein persönliches Erlebnis oder eine ausführliche Erklärung als Stütze anführt. Gora (2001, S. 42) nennt diese Anordnung von These – Argument – Stütze „argumentativer Dreischritt", wobei diese Reihenfolge als deduktiv[19] bezeichnet wird.

In Abbildung 6 wird noch einmal deutlich, wie sich Argumente und Stützen von Thesen unterscheiden: Während das Argument allgemein formuliert ist, trifft die Stütze oftmals nur für eine Person zu, wenn sie ein persönliches Beispiel ist. Außerdem nimmt in einem Beweis der Umfang stetig zu, denn die These ist nur ein Hauptsatz, der durch das Argument erweitert wird. Die Stütze hingegen sollte aus mehreren Sätzen bestehen, damit dem Gegenüber veranschaulicht werden kann, was gemeint ist. Da eine Stütze sehr individuell sein kann, benötigt der Kommunikationspartner zum Verstehen eine ausführlichere Erklärung, nicht nur einen Stichpunkt oder Satz. Erfahrungsgemäß entstehen unter anderem folgende argumentative Dreischritte: „Man sollte Hausaufgaben abschaffen (*These*), weil man dann mehr Freizeit hat (*Argument*). Das sieht man an meinem Freund. (*Stütze*)" Da der Leser oftmals noch keine Bekanntschaft mit dem Freund machte, weiß er natürlich nicht, wie es um seine Freizeit bestellt ist.

---

[19] Induktiv hingegen nennt man eine Argumentation dann, wenn mit der Stütze begonnen wird, um die Aufmerksamkeit zu erregen, anschließend eine Verallgemeinerung im Argument stattfindet, sodass man dann seine These als Schlussfolgerung formuliert.

THESE
(Behauptung, Meinung)

ARGUMENT
(Tatsache & Fakt, Erfahrung)

STÜTZE
(Beispiel)

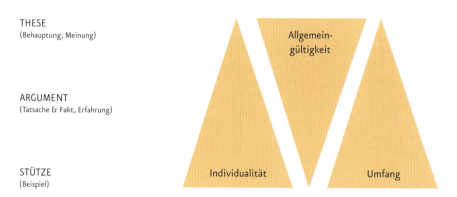

Abbildung 6: Eigenschaften von These, Argument und Stütze

Meist genügt zum Überzeugen jedoch ein Beweis je These nicht, sondern das Anführen von zwei bis drei Beweisen ist anzuraten. Dabei ordnet man die Argumente so an, dass das schwächste zu Beginn und das stärkste am Ende steht. Wenn man mehr als zwei Argumente anführt, sollte man das schwächste in der Mitte platzieren, da Anfang und Ende meist am besten in Erinnerung bleiben.

Am Ende der Argumentation empfiehlt sich ein so genannter Schlusssatz, um die These noch einmal zielgerichtet dem Gegenüber zu verdeutlichen. Zusammenfassend stellt Abbildung 7 dar, wie eine überzeugende Argumentation zu einer These aufgebaut sein sollte.

> I These
>
> II Erster Beweis
>
>   II.1 Erstes Argument
>
>   II.2 Erste Stütze
>
> III Zweiter Beweis
>
>   III.1 Zweites Argument
>
>   III.2 Zweite Stütze

Abbildung 7: Gliederung einer Argumentation zu einer These

Ein Beispiel aus dem Einstieg in dieses Kapitel soll die vorgestellte Theorie veranschaulichen:

These	Ich meine, dass wir als Jugendliche auch in der Politik mitbestimmen sollten.	Man kann auf eine These ohne Beweis sofort die Gegenantwort bringen.
	Freund: Ich denke nicht.	
These + Argument	Ich meine, dass wir als Jugendliche auch in der Politik mitbestimmen sollten, weil wir mit den Entscheidungen leben müssen.	Beweist man eine These mit einem Argument, weiß der Gegenüber, wie sie gemeint ist. Man kann jedoch schnell das Argument mit einem Gegenargument entkräften.
	Freund: Das stimmt zum Teil, aber manche Entscheidungen – wie beispielsweise die Steuer – gehen uns gar nichts an.	
These + Argument + Stütze	Ich meine, dass wir als Jugendliche auch in der Politik mitbestimmen sollten, weil wir mit den Entscheidungen leben müssen. Beispielsweise hat jedes Bundesland ein eigenes Schulsystem und als ich mit meinen Eltern umgezogen bin, hatte ich darunter zu leiden: in Mathe fehlten mir Dinge und in Deutsch lernte ich manches zwei Mal.	Wenn zu einer These ein vollständiger Beweis mit Argument und Stütze angeführt wird, kann man ihn nur schwer entkräften. Wie hier im Beispiel werden vom Gegenüber meist andere Beweise angeführt.
	Freund: Gut, die Steuer- oder Arbeitsmarktpolitik betrifft uns nun aber nicht so direkt.	

Abbildung 8: Anwendung des argumentativen Dreischritts

Die Einhaltung des argumentativen Dreischritts und des korrekten Aufbaus einer Argumentation ist allerdings noch kein Garant dafür, dass man den Gegenüber überzeugen kann. Vielmehr muss man sich die Kommunikationssituation vor Augen führen und planen (vgl. Kapitel I. 1. 2), wenn man etwas Wichtiges erreichen will.

Ein weiteres Thema – seit der Antike – ist der Wahrheitsgehalt der Argumentation. Die Sophisten wurden dafür kritisiert, dass sie mit ihrer Rede nicht unbedingt die Wahrheit finden, sondern den Gegenüber mit ihrer Rhetorik überzeugen wollten, was ihnen Beschimpfungen wie „Wortverdreher" einbrachte. Heute ist es selbstverständlich, dass man beides verbindet: Man überzeugt den Kommunikationspartner mit aussagekräftigen und zugleich wahren Beweisen. Die Überzeugungskraft und Plausibilität der Beweise erhöht man, indem man die Argumente logisch und somit ohne Gedankensprünge anordnet und gegebenenfalls zur Bekräftigung wiederholt. Außerdem sollte man einen Widerspruch in sich vermeiden.

II.1.2 Argumentationsfiguren

Argumente kann man unterschiedlich kategorisieren, was im Folgenden nach Wagner (2004, S. 173 ff.) kurz vorgestellt wird.

Rationale Argumentation

Diese Gruppe von Argumenten wird meist sachlich vorgetragen, wodurch der Eindruck entsteht, dass man dem wissenden Redner Glauben schenken kann. Dazu stellt er Fakten detailliert und mit Quellenangabe dar, zieht Statistiken heran oder verknüpft die Fakten zu einer Kausalkette miteinander.

Die rationale Art des Argumentierens kann belehrend wirken und manchmal auch Denkfehler enthalten, wenn man beispielsweise falsche Schlussfolgerungen zieht.

Plausibilitäts-Argumentation

Den Argumenten dieser Kategorie stimmen die Gesprächspartner meist schnell zu, weil sie verständlich sind und sich zusätzlich auf Tradition und Gewohntes stützen. Hierbei werden oftmals Experten zitiert oder persönliche Erfahrungen angeführt.

Die Gefahr bei diesen Argumenten ist, dass sich auch Fachleute irren können oder von einem Beispiel nicht auf den gesamten Sachverhalt geschlossen werden kann.

Moralische Argumentation

In dieser Argument-Kategorie werden moralische und ethische Grundsätze aufgeführt. Dabei sind Vorbilder, Normen und Werte Grundlage der Argumente und damit der Bewertung. Beispielsweise sind demokratisches und solidarisches Handeln in der westlichen Gesellschaft hohe Güter, die bei der Bewertung von diktatorischen Regimen angeführt werden.

Gefährlich ist bei diesen Argumenten, dass man den sachlichen Fakt aus den Augen verliert und allein Verallgemeinerung in Bezug auf die Moral im Auge behält.

Emotionale Argumentation

Emotionale Argumente nehmen Bezug auf die Gefühle und greifen andere an, appellieren an das Mitgefühl, Schmeicheln dem Gegenüber oder verunsichern ihn.

Auch hier sollte man sich der Gefahr bewusst sein, dass die Sachlichkeit nicht mehr im Vordergrund steht und das Anstacheln des Gegenübers zu Konflikten führen kann.

Taktische Argumentation

Mit allen bisher genannten Kategorien kann man taktische Argumente verbinden. Hierzu gehören Andeutungen statt genauer Ausführungen, Abwertung oder Aufwertung anderer Argumente, das Abschweifen vom Thema und viele andere Strategien, um den Kommunikationspartner zu überzeugen.

Die Argumente sind für sich genommen meist weniger überzeugend und treten daher zusammen mit anderen Argumenten auf.

II.2 Schriftlich überzeugen

II.2.1 Vorgehensweise

PROCEDERE <LAT. VORWÄRTS GEHEN, FORTSCHRITTE MACHEN>

Aus dem lateinischen Wort *procedere* ist das Substantiv *Prozedur* hervorgegangen, womit man die Vorgehensweise oder Methode beschreibt, wie man zu einem Ergebnis kommt. Dieses ist beim Argumentieren das Überzeugen eines anderen in schriftlicher Form. Bevor man jedoch seine Meinung aufschreibt, bedarf es einer Vorbereitung, sodass man alle Gedanken und Ideen zu dem Thema sammelt, aussagekräftige Beweise findet und auch Gegenargumente bedenkt. Daher wird meist folgende Prozedur für das Verfassen eines argumentativen Textes vorgeschlagen:

1. Problem erfassen und Ideen sammeln (↗ MindMap, Cluster)
2. Pro- und Kontra-Argumente mit Stützen notieren (↗ Stichpunkte)
3. Meinung bilden und These formulieren
4. Argumente ordnen (↗ Nr. 2 beziffern!)
5. Gliederung erstellen
6. (zusammenhängenden) Text schreiben – Struktur (Einleitung – Hauptteil – Schluss) über Absätze verdeutlichen
7. Text auf Lesbarkeit und richtigen Einsatz der Sprache überprüfen

II.2.2 Begründete Stellungnahme

CETERUM CENSEO <LAT. IM ÜBRIGEN BIN ICH DER MEINUNG>

Cato der Ältere soll in jeder Senatssitzung folgenden Ausspruch wiederholt haben: Ceterum censeo Carthaginem delendam esse. (Im Übrigen bin ich der Meinung, dass Karthago zerstört werden muss.) Der Beginn dieser Äußerung ist bis in unsere heutige Zeit erhalten geblieben für eine beharrliche, hartnäckige Wiederholung der eigenen Meinung. Die Wiederholung allein ist meist jedoch wenig überzeugend, auch wenn Cato zu seiner Zeit Erfolg hatte, sich gegen seine Widersacher durchsetzte und Karthago am Ende zerstört wurde. Vielmehr sollte man seine Meinung darlegen und begründen, um zum Ziel zu kommen. Wenn man dies schriftlich tut (z. B. in einem Leserbrief), nutzt man zumeist die Form der begründeten Stellungnahme, wobei zu der einfachen Argumentation (vgl. Kapitel II. 1. 1) eine Einleitung und ein Schluss hinzukommen (vgl. Abbildung 9). Was genau in den einzelnen Teilen enthalten sein muss, damit der Text so überzeugend wie möglich ist, wird im Folgenden erklärt.

Einleitung

Die Einleitung übernimmt zwei Funktionen im Text: sie weckt das Interesse beim Leser und führt in das Thema der begründeten Stellungnahme ein. Man kann dafür unterschiedliche Möglichkeiten nutzen:

- ein persönliches Erlebnis z.B. in der Familie und unter Freunden
- ein aktuelles Ereignis z.B. aus der Politik, Sport, Musik
- eine zum Thema passende Redensart

Nachdem man deutlich gemacht hat, zu welchem Thema man seine Meinung äußern und begründen möchte, leitet man (meist mit einem Satz) zum Hauptteil über, damit der Leser weiß, was ihn erwartet.

Hauptteil

Der umfangreichste, zugleich aber auch überzeugendste Teil einer begründeten Stellungnahme ist der Hauptteil – in Form einer These mit ihrer Argumentation (vgl. Kapitel II. 1. 1).

Schluss

Der Schluss hat ähnlich wie bei einem Vortrag die Aufgabe, den Text abzurunden. Hier bekräftigt man nochmals seine Meinung/These zusammen mit dem wichtigsten Argument, ohne sich jedoch wörtlich zu wiederholen. Oftmals knüpft man an die Gedanken aus der Einleitung an, sodass sich über die gesamte Stellungnahme ein Bogen spannt. Man kann sich jedoch auch konkret an den Empfänger (z.B. in einem Leserbrief) wenden oder einen (Lösungs-) Vorschlag für die Zukunft geben.

```
A – Einleitung
B – Hauptteil
    I These
    II Erster Beweis
        II.1 Erstes Argument
        II.2 Erste Stütze
    III Zweiter Beweis
        III.1 Zweites Argument
        III.2 Zweite Stütze
C – Schluss
```

Abbildung 9: Gliederung einer begründeten Stellungnahme

II.2.3 Erörterung

DISPUTATIO <LAT. ERÖRTERUNG>

Mittels eines Disputs versucht man seit der Antike – im Mittelalter vor allem in der Scholastik und an Universitäten – die Wahrheit zu finden. Dabei wägt man das Für und Wider einer These gegeneinander ab. Während man früher in öffentlichen Streitgesprächen zur Wahrheit finden wollte, ist heute die Schriftform als Erörterung vorherrschend. Man betrachtet dabei ein Problem von unterschiedlichen Seiten und stellt am Ende eine Schlussfolgerung auf. So kann es sein, dass man seine Meinung während des Schreibens ändert.

Nach dem Impuls für die Erörterung unterscheidet man zwischen

- freier (ohne Textvorlage, meist nur ein Impuls mittels Zitat oder Ähnlichem),
- textgebundener (Auseinandersetzung mit einem Sachtext) und
- literarischer Erörterung (literarischer Text als Vorlage).

Im Folgenden wird die freie Erörterung erläutert, die sich auf die beiden anderen übertragen lässt, nur dass diesen eine Textanalyse vorausgeht, sodass man sich mit der Intention, den Argumenten und den Stilmitteln des Textes auseinandersetzen muss. Der grundsätzliche Aufbau bleibt hingegen bei allen Erörterungen gleich.

Man findet bei jeder Erörterung ebenso wie in der begründeten Stellungnahme eine Dreiteilung des Textes in Einleitung – Hauptteil – Schluss und den argumentativen Dreischritt (vgl. Kapitel II. 1. 1). Dennoch gibt es einige Besonderheiten bei dieser Textsorte.

Einleitung

Zu Beginn der Erörterung führt man den Leser zum Problem hin, ähnlich wie in der begründeten Stellungnahme. Im Vortrag übernimmt der Einstieg diese Funktion. (Vgl. Kapitel III.1.2) Anschließend muss man genau herausstellen, welches Problem oder welcher Text behandelt werden soll. Oftmals klärt man zunächst die zentralen Begrifflichkeiten, benennt die sich widerstreitenden Positionen und formuliert anschließend eine Frage, die im Verlauf des Textes aufgegriffen und am Schluss beantwortet wird. Die Überleitung zum Hauptteil zeigt dem Leser an, was ihn erwartet, und darf daher nicht fehlen.

Hauptteil

Man unterscheidet beim Erörtern zwei Formen: linear oder dialektisch. Bei der **linearen** oder **steigernden Erörterung** handelt es sich um eine klassische Argumentation (vgl. Kapitel II. 1. 1), bei der man vom schwächsten zum stärksten Argument die Überzeugungskraft erhöht. Hierbei tritt jedoch das sichtbare Abwägen in den Hintergrund.

Die **dialektische** oder **antithetische Erörterung** hingegen macht das Beleuchten eines Problems von zwei Seiten deutlich, indem die Argumente für und gegen eine These gegenübergestellt werden, sodass man am Ende aus beiden Seiten eine (neue) Lösung, die Synthese, entwirft. Die Anordnung der Beweise kann nach zwei Prinzipien erfolgen (vgl. Abbildung 10): in zwei Blöcken in Form einer Sanduhr oder abwechselnd (wie beim Ping Pong).

Schluss

Den Schluss einer Erörterung bildet die kurze Zusammenfassung der wichtigsten Argumente, ohne diese jedoch nur zu wiederholen. Meist nimmt man hier noch einmal Bezug auf die Problemstellung in der Einleitung und erweitert das Thema oder formuliert einen Appell.

Abbildung 10: Prinzipien des Erörterns: Ping-Pong und Sanduhr

II.3 Mündlich überzeugen

II.3.1 Diskussion

DISCUSSIO <SPÄTLAT. MEINUNGSAUSTAUSCH, AUSEINANDERSETZUNG>
Von der lateinischen Wortbedeutung discutere <lat. zerschlagen> her wohnt einer Diskussion etwas Zerstörerisches inne, jedoch erfuhr im Spätlatein das Wort eine Abschwächung. Deshalb ist mit der Entlehnung des Wortes heute gemeint, dass man in einer Diskussion Meinungen meist mündlich untereinander austauscht mit dem Ziel, den anderen zu überzeugen. Es ist daher unablässig, seine These mit einer Argumentation zu begründen. (Vgl. Kapitel II. 1. 1)
Ziel der Diskussion ist eine Einigung, der **Konsens**, bei der eine Seite überzeugt wird. Tritt keine Einigung ein, nennt man das **Dissens**. In einem **Kompromiss** wird der Konflikt gelöst, indem beide Seiten aufeinander zugehen und damit auf einen Teil ihres Standpunktes verzichten.

Ist ein **Diskussionsleiter** eingesetzt, was sich beispielsweise bei großen Diskussionsgruppen anbietet, darf er sich nicht inhaltlich an der Diskussion beteiligen, sondern organisiert das Streitgespräch wie folgt:

- Eröffnung der Diskussion (Begrüßung; Themennennung; Bitte der Anwesenden um kurze Vorstellung ihrer Thesen)

- Wortvergabe an die Teilnehmer
- Erinnerung an das Thema beim Abschweifen
- Beachtung der und Ermahnung zur Regeleinhaltung
- Beendigung der Diskussion: wenn möglich Nennung des Ergebnisses

II.3.2 Debatte

DÉBATTRE ‹FRZ. SICH AUSSPRECHEN› DEBATRE ‹ALTFRZ. SICH STREITEN› BATTUARE ‹LAT. SCHLAGEN›

Bei einer Debatte ist das Ziel anders als bei einer Diskussion: Es gibt immer einen Sieger. Daher sagt die Herleitung des Wortes, in der jemand geschlagen/besiegt wird, einiges über den Inhalt aus.

Eine Debatte ist ebenfalls ein mündliches Streitgespräch, in der Pro- und Kontraseite ihre Thesen und Argumentationen vortragen. Ziel ist dabei jedoch, eine dritte Partei zu überzeugen, die sich am Ende für Pro oder Kontra, also einen Sieger der Debatte entscheidet. Einen Kompromiss oder Dissens kann es nicht geben.

Während bei einer Diskussion zumeist nur Gesprächsregeln existieren, deren Einhaltung manchmal von einem Diskussionsleiter überprüft und eingefordert wird, läuft eine Debatte nach strengen Regeln ab – mit dem Ziel, alle Teilnehmer so gerecht wie möglich zu behandeln.

- Die Zugehörigkeit zur Pro- oder Kontra-Partei wird vorher (meist per Los) bestimmt. Sie muss daher nicht mit der persönlichen Einstellung übereinstimmen.
- Die Gesprächszeit ebenso wie die Reihenfolge der Gesprächsbeiträge sind genau festgelegt. Dabei gibt es unterschiedliche Formate. Im Folgenden wird die Form „World Schools Debating" in leicht abgewandelter Form vorgestellt.[20]

Bedingungen und Aufbau

Vor dem Debattieren werden zwei Teams mit je drei Mitgliedern gebildet: ein Pro-Team (argumentiert für die These), ein Kontra-Team (argumentiert gegen die These). Außerdem entscheidet man sich für ein Thema, über das es sich zu debattieren lohnt.

Weiterhin muss es eine Jury aus meist drei „Richtern" geben, die die Teams überzeugen sollen, sowie einen Moderator, der die Einhaltung der Regeln und Redezeiten kontrolliert, das Wort vergibt und die Debatte beginnt sowie abschließt.

Beide Teams sitzen sich gegenüber, wobei der Blick in die Richtung des Moderators bzw. der Jury gerichtet ist, die es schließlich zu überzeugen gilt. (Vgl. Abbildung 11)

---

20 Das World Schools Debating ist zusammen mit Jens Henning Fischer (Trainer für Debatten und Rhetorik v.a. an Schulen und Hochschulen) vor allem in den zeitlichen Vorgaben verändert und eher der Junior League angepasst worden.

Rhetorica docens

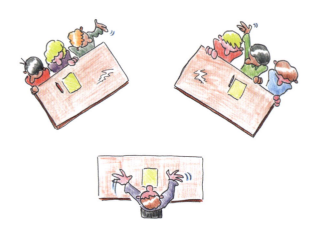

Abbildung 11: Aufbau einer Debatte

Vorgehensweise

Nachdem das Thema den Teams bekannt gegeben wurde, haben sie 15 Minuten Zeit zum Besprechen. Dabei sollten die Argumente gesammelt und verteilt werden. Außerdem findet eine Abstimmung unter den Rednern statt, wer welchen Aspekt betonen wird. So weiß in der anschließenden Debatte jeder im Team, was er sagen möchte.

Wichtig ist in dieser Phase auch, dass man sich auf mögliche Gegenargumente einstimmt und bereits Strategien entwickelt, wie man sie entkräften kann.

Die Debatte läuft folgendermaßen ab:

❶ Erste Rede Pro-Team (5′)	❷ Erste Rede Kontra-Team (5′)
❸ Zweite Rede Pro-Team (5′)	❹ Zweite Rede Kontra-Team (5′)
❺ Dritte Rede Pro-Team (5′)	❻ Dritte Rede Kontra-Team (5′)
Pause (2′)	
❽ Antwortrede Pro-Team (3′)	❼ Antwortrede Kontra-Team (3′)

Abbildung 12: Verlauf einer Debatte

Das Pro-Team beginnt mit einer Rede, in der vor allem Begriffe in der These definiert werden und eine Position deutlich wird. Im Anschluss daran erhält das Kontra-Team die Redezeit. Es finden zwei weitere Runden mit diesem Wechsel statt, wobei jede Rede fünf Minuten dauert. In dem Zeitraum von der zweiten bis vierten Redeminute kann die Gegenseite Zwischenfragen (von max. 15 Sekunden Länge) anbieten, indem der Fragende aufsteht. Es obliegt jedoch dem aktuellen Sprecher, ob er die Frage zulässt und beantwortet oder ablehnt. Bei mehreren Zwischenfragen bedeutet die Annahme einer automatisch die Ablehnung der anderen. Die Zeit für Zwischenfragen signalisiert der Zeitwächter kurz mit einem akustischen Signal.

Nach der dritten Rederunde können sich die Teams in einer zweiminütigen Pause absprechen und die abschließende Antwortrede vorbereiten.

Die Antwortrede darf nur noch drei Minuten dauern und keine neuen Argumente einbringen. Vielmehr sollte der erste oder zweite Redner jedes Teams die wichtigsten Punkte herausstellen, die Hauptargumente der Gegenseite aufgreifen und widerlegen, sowie möglicherweise den (unfairen) Verlauf der Debatte ansprechen und auf diesem Weg die Jury von der eigenen Stärke überzeugen.

Debattenreden

Der Inhalt der Debattenreden folgt aufgrund der zeitlichen Beschränkung und der geringen Vorbereitungszeit meist einer immer gleichen gedanklichen Gliederung (vgl. Abbildung 13 und Abbildung 14): Zunächst bezieht man sich auf die These oder die Gegenargumente, sodass man anschließend seine zuvor verabredeten und/oder zu den Gegenargumenten passenden Beweise vorbringen kann. Zum Abschluss der Rede sollte immer eine Schlussfolgerung das Gesagte abrunden.

Einleitung	Welches Problem wird in der Frage aufgezeigt und welche Lösung vorgeschlagen? Wie steht das eigene Team dazu?	These
Hauptteil	Warum ist es eine (keine) gute Idee, diesen Plan (nicht) umzusetzen? Was könnte passieren, wenn der Plan umgesetzt wird?	Argumente und Stützen
Schluss	Wie kann man das bisher Genannte kurz zusammenfassen?	Schlussfolgerung/Zielsatz

Abbildung 13: Aufbau einer Eröffnungsrede

Einleitung	Welcher Struktur folgt diese Rede? Was sollte man auf die Gegenpartei erwidern? Wie steht das eigene Team zur Problemfrage?	These
Hauptteil	Warum ist es eine (keine) gute Idee, diesen Plan (nicht) umzusetzen? Was könnte passieren, wenn der Plan umgesetzt wird?	Argumente und Stützen
Schluss	Wie kann man das bisher Genannte kurz zusammenfassen?	Schlussfolgerung/Zielsatz

Abbildung 14: Aufbau einer Debattenrede

Bewertung

Debatten werden von der Jury entschieden, indem sie den Rednern Punkte in unterschiedlichen Kategorien[21] gibt, sodass nicht nur der Inhalt entscheidet, sondern auch die Form der Präsentation und die Absprache im Team. Das Team mit den meisten Punkten gewinnt die Debatte. Ein Unentschieden gibt es nicht. Falls sich tatsächlich die gleiche Punktzahl als Summe ergibt, müssen sich die Richter trotzdem entscheiden.

---

21 Bei der Bewertung haben sich die Kriterien der Wertung von *Jugend debattiert* in der Praxis bewährt. (http://www.jugend-debattiert.de/index.php?id=90, Stand: 30.06.2011): Sachkenntnis, Ausdrucksvermögen, Gesprächsfähigkeit, Überzeugungskraft.

III Vortragen

Man unterscheidet beim Vortragen

- die klassische Rede (vgl. Kapitel III. 3. 1),
- den (vorbereiteten) Sachvortrag als Referat bzw. Kurzvortrag und
- die Präsentation im engeren Sinn, womit das Vorstellen von Ergebnissen gemeint ist.

Beim Vortragen im Allgemeinen findet auf den ersten Blick ein Monolog statt: der Sprecher informiert oder unterhält das Publikum zu einem Thema (vgl. Abbildung 15: Dreieck der Rhetorik). Betrachtet man jedoch eine Vortragssituation genauer, fällt auf, dass es sich auch hier um Kommunikation handelt, bei der mindestens zwei Partner beteiligt sind, denn das Publikum ist nicht passiv, nur weil es nicht sprechen soll. Es nimmt die Informationen des Sprechers auf, verarbeitet diese und gleicht sie mit dem bereits vorhandenen Wissen ab. Im Idealfall lernt der Zuhörer etwas aus dem Vortrag (= Gegenstand) oder fühlt sich unterhalten und langweilt sich nicht.

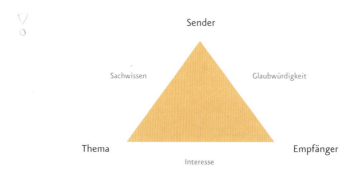

Abbildung 15: Dreieck der Rhetorik nach: Gora (2001, S. 10)

Der Weg zu einem gelungenen Vortrag ist oft lang und steinig, sodass er erfahrungsgemäß mindestens zehn Mal länger ist als die eigentliche Vortragszeit, oder noch länger, je nachdem wie sich der Sprecher bereits mit dem Thema auskennt. Wird also ein Kurzvortrag von 10 Minuten gefordert, müsste die Vorbereitung mindestens 100 Minuten (= 1,5 Stunden) dauern. Doch was genau macht die Vorbereitung so zeitaufwendig?

Zu Beginn und während des Vorbereitens eines Vortrags muss man sich immer wieder drei Fragen stellen:

- Was möchte ich mit dem Vortrag (z.B. informieren/belehren, unterhalten, den Zuhörer zu etwas bewegen/appellieren)?
- Was erwarten die Zuhörer?
- Was verlangt das Thema?

Neben diesen drei Leitfragen sollte man unterschiedliche Phasen in der Vorbereitung durchlaufen, die man seit der Antike als *partes rhetoricae* (Produktionsstadien) bereits als „wichtigstes systematisches Einteilungsprinzip der Rhetorik" (Ueding 2005[4], S. 55) kennt. Hierbei unterscheidet man:

- Inventio (Finden des Themas und des Materials)
- Dispositio (Anordnung der Informationen)
- Elocutio (sprachliche Ausgestaltung)
- Memoria (Einprägen)
- Pronuntiatio/Actio (Halten der Rede)

Diese Phasen der Entstehung der Rede kann man auf den Vortrag heutzutage in leicht veränderter Form übertragen und damit am Ende einen gelungenen Vortrag halten, was in den folgenden Kapiteln schrittweise erläutert werden wird.

III.1 Entstehung des Vortrags

III.1.1 Stoffsammlung: Die Recherche

Zu Beginn steht meist nur der Gegenstand oder auch schon das Thema fest (zur Unterscheidung zwischen Gegenstand und Thema vgl. S. 51), zu dem man einen Vortrag halten soll, ebenso wie das Publikum. Manchmal kennt man sich in diesem Gebiet schon gut aus, sodass man sofort weiß, wo man nachschauen kann, um gute Informationen zu bekommen. In den meisten Fällen ist es jedoch so, dass man bei Null anfängt und manchmal sogar nicht einmal den Begriff kennt. Bevor man also richtig mit dem Vortrag anfangen kann, muss man sich informieren und diese Informationen sammeln.

Methoden der Informationsbeschaffung – Fluch oder Segen?

Die **Internetrecherche** ist heute sehr verbreitet, denn man kann auf diesem Weg schnell an Informationen kommen, wenn man das Internet parat hat, wobei unterschiedliche Datenformate zur Verfügung stehen: Texte, Bilder, Filme, Karten etc. Oftmals sind die Informationen auch sehr aktuell und können abgespeichert werden. Ein großer Vorteil besteht bei Texten in der Suchfunktion, durch die man bestimmte Wörter gezielt aufspürt.

Damit man diese Vorteile des Internets nutzen kann, muss man jedoch den Umgang mit Suchmaschinen beherrschen und geeignete Suchstrategien kennen. Eine Suchmaschine versteht beispielsweise keine Sätze, sondern benötigt aussagekräftige (und korrekt geschriebene) Schlagwörter, damit sie gute Ergebnisse liefert. Außerdem muss ein Internetnutzer viel Energie aufbringen, die Informationen zu bewerten: Welche Informationen sind wichtig? Welche Informationen sind richtig? Glaubt man den Informationen aus einem Forum oder einer freien Enzyklopädie, in der jeder Laie oder (selbsternannte) Fachmann seine Ideen veröffentlicht? Kann man als Laie überhaupt über die Korrektheit entscheiden?

Außerdem verändert sich das Internet stetig, sodass man seinen Fund sichern (z.B. durch Abspeichern oder Ausdrucken) und später den Zeitpunkt als Stand hinter der vollständigen Internetadresse (URL) angeben muss.

Diese Probleme entfallen meist, wenn man sich in einer **Bibliothek** Informationen beschafft. In Nachschlagewerken überprüft vor dem Druck oft ein Fachmann die Korrektheit des Textes, sodass man diesen meist trauen kann. Neben Büchern bieten Bibliotheken ebenso den Zugang zu Zeitschriften und Zeitungen – auch zu älteren Exemplaren. Damit man weiß, wo man die Informationen findet, gibt es Kataloge, in denen man danach sucht, wobei man sich nicht so schnell verirrt wie im Internet. Außerdem sind die
Bücher oftmals in unterschiedlichen Kategorien angeordnet, sodass man sich thematisch orientieren kann. Für alle, die sich bisher noch nicht in einer Bibliothek umgesehen haben, sei gesagt, dass Bibliothekare meist hilfreich zur Seite stehen. Schwierigkeiten kann der Zugang zu einer Bibliothek machen. Sie hat bestimmte Öffnungszeiten und befindet sich meist nicht in der Nachbarschaft, sondern man muss einen Fahrweg auf sich nehmen. Außerdem können die Bücher ausgeliehen sein, die man unbedingt benötigt, weshalb es noch wichtiger ist, nicht erst einen Tag vor dem Vortragstermin mit der Vorbereitung zu beginnen.

Manchmal wird das Argument angebracht, dass man lieber nicht in die Bibliothek geht, weil man dort so viel lesen muss. Verwunderlich ist, dass auf der anderen Seite aber Texte aus dem Internet verwendet werden, die ja auch gelesen werden müssen!? Allein bei der **Befragung von Experten** bleibt das Lesen erspart. Man interviewt einen Zeitzeugen oder Fachmann auf dem Gebiet und hat die Möglichkeit, wenn man etwas nicht verstanden hat, nachzufragen oder sich etwas erklären zu lassen. Wichtig ist hierbei jedoch, dass man sich vorher genaue Fragen überlegt, sonst kann der Fachmann alles und zugleich nichts erzählen.

Problematisch bei der Befragung ist, dass man nicht zu jedem Thema einen Experten kennt und dass man auch diese Informationsquelle kritisch bewerten muss: Redet der Befragte die Vergangenheit zum Beispiel schön? Kennt er sich wirklich gut aus oder hat seine

Informationen auch nur von anderen? Für diese Analyse und als späterer Beweis muss ein solches Interview aufgezeichnet und am besten verschriftlicht werden.

Jede Methode der Informationsbeschaffung hat also Vor- und Nachteile. Abhängig von Gegenstand und Thema muss man sich entscheiden, woher man verlässliche Informationen bekommt. Diese sollte man dann aber darüber hinaus gut organisieren, denn nichts ist schlimmer, als im Papiermeer zu ertrinken und nicht mehr zu wissen, wo etwas stand.

Sammlung der Informationen – Beherrschung des Chaos

Es ist oft notwendig, dass man nicht nur ein einziges Mal über eine Quelle nach Informationen sucht, sondern immer wieder in unterschiedlichen Medien nach Details forscht – vor allem nachdem man sein Thema gefunden hat (zur Unterscheidung zwischen Gegenstand und Thema vgl. S. 51). Daher muss man die gefundenen Informationen verwalten, sodass man jederzeit ohne große Suche auf sie zurückgreifen kann.

Es ist empfehlenswert, sich einen Ordner anzulegen mit folgenden Teilen:

- **Literaturliste**: Hier sollte man die benutzte Literatur (Bücher, Internetseiten etc.) aufführen. So kann man ein Buch nicht doppelt aus der Bibliothek ausleihen oder, wenn man den Namen vergessen hat, ist er hier nachzulesen. Am besten bewertet man die Literatur in einer gesonderten Spalte und notiert daneben Anmerkungen sowie wichtige Zitate.

Fundort der Literatur	Art des Materials	Anmerkungen, Zitate
• URL • Buchinformationen: Verfasser: Titel, Erscheinungsort/-jahr, Seite (Bibliothek, ausgeliehen, Kopie)	Internetseite, Foto, Grafik, Text, Buch	

- **Ausdrucke/Kopien/Exzerpte**[22]: Texte aus dem Internet sollten immer abgespeichert oder ausgedruckt werden, denn das Medium verändert sich schnell. Während ein Buch seine Seiten für gewöhnlich stets behält, können Internetseiten gelöscht oder verändert werden. Wenn also eine Information so wichtig ist, dass man sie verwenden möchte, sollte man sie ausdrucken und in dem Ordner sammeln. Ebenso ist mit Kopien und Exzerpten zu verfahren. Damit befindet sich alles an einem Ort und kann nicht verloren gehen. Der Ausdruck erspart aber noch keine Wiedergabe in eigenen Worten. Die Gefahr des Abheftens ohne eine eigene Zusammenfassung ist das Abkupfern bzw. das Plagiat (der geistige Diebstahl), was strafrechtliche Konsequenzen haben kann. Daher ist es besser, wichtige Gedanken von anderen Personen bereits im Exzerpt als Zitate kenntlich zu machen.

---

22 Exzerpte fertigt man an, indem man das Wichtigste in eigenen Worten aus einem Text herausschreibt. Man sollte hier die Überschrift mit Angaben zum Titel, Autor, Seite etc. nicht vergessen, damit man später noch weiß, welchem Buch man die Informationen entnommen hat.

Exkurs: Zitate

Man hat sich im ersten Schritt zur Vorbereitung seines Vortrags viel Literatur angesehen und ist sich manchmal sicher, es nicht besser sagen zu können als der Autor oder Experte. Dann ist es natürlich richtig, diesen „Vater des Gedankens" zu zitieren. Dafür setzt man die fremden Worte in Anführungszeichen und vermerkt in einer Fußnote, wo man diese Originalworte gefunden hat. Das ist auch in diesem Buch einige Male der Fall – zum Beispiel auf Seite 9.

Wichtig ist beim **direkten Zitat** (wörtliches Zitat), dass man die Worte zwischen den Anführungszeichen nicht verändern darf. Auch Rechtschreibfehler und alte Schreibweisen muss man so übernehmen. Lässt man ein Wort weg, kennzeichnet man das mit […], bei mehr als einem Wort mit […]. Ergänzt man ein Wort, muss man es in eckige Klammern setzen und Anm. d. Verf. hinzufügen. (Das bedeutet Anmerkung des Verfassers/der Verfasserin.) Für direkte Zitate in einem Vortrag eignen sich Definitionen oder wichtige/witzige/markante Aussprüche.

Beispiel: **direktes Zitat**: „Das antike System der Rhetorik mit seinen Methoden und Techniken ist bis heute daher Grundlage der Disziplin geblieben."[23]
bearbeitetes direktes Zitat: „Das antike System der Rhetorik […] ist bis heute […] Grundlage [dieses Fachgebiets, Anm. d. Verf.] geblieben."[24]

Übernimmt man hingegen nur einen wichtigen Gedanken, formuliert diesen aber mit eigenen Worten, sollte man trotzdem die Literaturstelle als **indirektes Zitat** (sinngemäßes Zitat) angeben. Dabei wird hinter dem entsprechenden Satz oder Absatz eine Fußnote gesetzt, die mit der Abkürzung vgl. beginnt. Man kann sich so als Vortragender bei strittigen Sachverhalten versichern, dass es jemanden gibt, der noch so denkt. Hierbei sollte die Quelle natürlich vorher bewertet werden (z.B. mit der Frage: Was weiß man noch über den Autor?).

Beispiel: **indirektes Zitat**: Gert Ueding meint, dass die antike Rhetorik bis heute die Basis für diesen Wissenschaftsbereich ist.[25]

Für den Nachweis der Fundstelle des Zitats gibt man das Buch wie folgt in der Fußnote an:
Name, Vorname: Titel (. Untertitel), Auflage, Ort Jahr, Seite.

Hat man das Zitat von einer Internetseite abgeschrieben, muss man den Fundort in der Fußnote folgendermaßen angeben:
vollständiger Internetlink (Stand: Datum des letzten Klicks)

---

23 Ueding, Gert: Klassische Rhetorik, 4. Auflage, München 2005, S. 9.
24 Ueding, Gert: Klassische Rhetorik, 4. Auflage, München 2005, S. 9.
25 Vgl. Ueding, Gert: Klassische Rhetorik, 4. Auflage, München 2005, S. 9.

III.1.2 Ordnung der Gedanken: Die Gliederung

Die Sammlung der Informationen ist zunächst abgeschlossen, sodass sich der Vortragende einen Überblick über das Thema verschafft hat. Damit kann man die Vielzahl der Informationen in eine Ordnung bringen: die Gliederung. Dabei muss er sich verschiedene Fragen stellen:

- Was ist für das Thema/meine Fragestellung wichtig?
- Wie habe ich mir das Thema erklärt?
- Welches Publikum habe ich vor mir?

Durch diese Fragen werden die Auswahl der Informationen und die Struktur des Gegenstandes bestimmt. Denn zum einen gibt das gewählte Thema den groben Aufbau vor, sodass es leicht verständlich ist. Zum anderen muss der Vortragende selbst das Thema verstanden haben, sodass er es den Zuhörern auf diese Weise im Vortrag darbietet. Wenn man seiner eigenen Denkstruktur folgt (also nicht der eines anderen Textes), muss man sich weniger Notizen machen, sondern kann besser erklären, was man meint. Zum Schluss sollte man natürlich bedenken, für wen man den Vortrag vorbereitet: Ist es nötig, Fremdwörter zu erklären? Sollte man ausführlich argumentieren? Was könnte interessant sein, sodass möglichst alle zuhören?

Bereits in der Antike hatte man eine genaue Vorstellung vom Aufbau einer gelungenen Rede. Diese Grobstruktur kann man auf einen Vortrag übertragen, sodass sich vier Vortragsteile ergeben, die im Folgenden detailliert erklärt werden (vgl. Fuhrmann 2008, S. 83 ff.):

Teile des Vortrags	Sinnabschnitte einer Rede (partes orationis)	Ziel
Einstieg	exordium/prooemium	Erlangen der Aufmerksamkeit und des Wohlwollens des Publikums
Einleitung	narratio	Vorstellung des Themas
	propositio	Präsentation der Gliederung
Hauptteil	argumentatio	Darlegung des Inhalts
Schluss	peroratio/conclusio	Zusammenfassung, Appell an das Publikum

Einstieg

Ein Vortrag muss zu Beginn die Aufmerksamkeit und das Interesse des Publikums wecken. Das erreicht man nicht mit der weit verbreiteten Formulierung: „Ich halte heute einen Vortrag über…" Vielmehr sollte man mit einem provokanten Zitat oder einer witzigen Anekdote die Zuhörer positiv stimmen und sie damit für sich und den Vortrag einnehmen. Unerklärliche Bilder, mysteriöse Gegenstände und Anknüpfen an bereits bekanntes Wissen könnten die Neugier und Wissbegierde wecken. Es gibt natürlich noch viel mehr Ideen! Der Fantasie sind keine Grenzen gesetzt oder man schaut bei Allhoff & Allhoff (2006, S. 76 ff.) nach.

Vermeiden sollte man in dieser Phase, das Mitleid oder den Unmut der Zuhörer zu erlangen, indem man beispielsweise die eigene Unsicherheit und Unvorbereitetheit oder die Unaufmerksamkeit des Publikums thematisiert. Das soll aber nicht bedeuten, dass die Aufklärung der Zuhörerschaft z.B. über einen fehlenden Mitstreiter unterbleibt, sondern dass man als Zuhörer im Vorfeld zwar Erklärungen, nicht aber Entschuldigungen zur Kenntnis nehmen will.

Einleitung

Die Einleitung schließt sich nahtlos an den Einstieg an, indem sie Gegenstand und Thema nennt (zur Unterscheidung zwischen Gegenstand und Thema vgl. S. 51) – möglicherweise die Eingrenzung des Gegenstandes erklärt – und vor allem das weitere Vorgehen im Vortrag verdeutlicht. Bei längeren Vorträgen ist es hilfreich, die wichtigsten Punkte in einer Gliederung zu visualisieren. Allein das Vorlesen dieser Gliederungspunkte ist jedoch wenig sinnvoll, vielmehr sollte erklärt werden, *warum* man sich für und gegen einzelne Punkte entschieden hat, denn man bespricht ja nie alles zu einem Gegenstand im Vortrag, sondern immer nur einen Ausschnitt aus dem großen Ganzen.

Dem Einstieg und der Einleitung müssen also in der Vorbereitung eines Vortrags große Aufmerksamkeit geschenkt werden, denn der Zuhörer entscheidet in dieser Zeit unbewusst über seine weitere Zuhörbereitschaft – auch über die Sympathie gegenüber der Sache und dem Redner.

Hauptteil

Im Hauptteil werden die Informationen den Zuhörern vermittelt. Je nach Thema unterscheidet sich hier der Aufbau. Es gibt in der Fachliteratur viele unterschiedliche Möglichkeiten (vgl. Wagner 2006, S. 148 ff.), im Folgenden sind allein die zwei wichtigsten für die Schule dargestellt.

In einem Sachvortrag werden hier zumeist die Informationen zum Thema dargelegt, bevor man dann seine eigene Meinung begründet äußern kann (vgl. Argumentieren S. 29).

Bei Diskussionsbeiträgen oder Problembesprechungen sollte man mit der Darstellung des Ist-Zustandes (Wie ist es?) beginnen, anschließend den Soll-Zustand (Wie soll es sein?) aufzeigen, bevor man dann die Lösung anbietet, wie man den Soll-Zustand erreichen kann.

Schluss

Der Schluss erfüllt meist die Funktion der Zusammenfassung der wichtigsten Informationen, denn was am Anfang und am Ende eines Vortrags gesagt wird, bleibt meist im Gedächtnis der Zuhörer hängen. Ebenso kann er einen Appell und eine Schlussfolgerung enthalten, die sich aus dem Thema ergeben (z.B. wenn über die negativen Wirkungen des Rauchens gesprochen wurde, wäre der Appell, gar nicht erst damit zu beginnen). Wenn man den Schluss ankündigt, kann das noch einmal zur Aufmerksamkeitssteigerung beim Publikum führen, jedoch sollte man dann auch wirklich zum Ende kommen.

Gut ist, wenn man im Schluss noch einmal seinen Einstieg aufgreift. Somit bekommt der Vortrag einen Rahmen. Damit man das am Ende nicht vergisst – vor Aufregung oder Zeitnot, sollte man den Schluss ebenso wie Einstieg und Einleitung unbedingt verschriftlichen. Das bedeutet nicht, dass man es auch vorlesen muss, sondern nur, dass man eine Erinnerung hat, was man noch sagen wollte.

Weniger geeignet für den Schluss sind das Vorlesen endloser Literaturnachweise oder Floskeln wie: „Ich bedanke mich für die Aufmerksamkeit." oder „Gibt es Fragen?" Hier ist es besser, sich in der Vorbereitung einen aussagekräftigen Schlusssatz zu überlegen und mit seiner Körpersprache (vgl. Kapitel I. 2) das Ende des Vortrags anzuzeigen.

III.1.3 Vertiefung des Inhalts: Die Visualisierung

Ein Bild sagt mehr als tausend Worte. Auf den Vortrag übertragen bedeutet dieses Sprichwort, dass eine Veranschaulichung allen Beteiligten die Situation erleichtert: Für den Zuhörer ist es meist schwer, allein aufgrund des Gehörten Informationen aufzunehmen und sich zu merken. Wenn er aber auch etwas mit den Augen aufnehmen kann, wird beides verbessert. Untersuchungen haben ergeben, dass das Behalten von Informationen unterschiedlich gut gelingt: „Wir behalten von dem, was wir lesen 10 %, hören 20 %, sehen 30 %, sehen und hören 50 %, selbst vortragen 70 %, selbst ausführen 90 %." (Gora 2001, S. 58) Somit wird durch die Visualisierung, d.h. das Sichtbarmachen von Informationen, die Merkleistung mehr als verdoppelt.

Für den Sprecher ergibt sich ebenfalls ein Vorteil: er kann mit einem Bild oder anhand eines Schemas einen schweren Sachverhalt besser erklären. Zudem führt eine sehr gut gewählte Visualisierung so strukturiert durch den Vortrag, dass manche Sprecher keinen Stichpunktzettel mehr benötigt. Das bedarf allerdings einiger Übung!

Was genau sind nun aber Möglichkeiten der Visualisierung und wie setzt man sie sinnvoll ein?

Inhalt der Visualisierung

Alles, was wichtig ist und man sich merken sollte, muss veranschaulicht werden. Damit setzt man im Vortrag Schwerpunkte und lenkt die Aufmerksamkeit der Zuhörer darauf. Es werden also nicht alle Details veranschaulicht, sondern nur wichtige Eckpunkte, die Details ergänzt der Sprecher. Die Visualisierung kann demnach niemals allein stehen.

Art und Weise der Visualisierung

Es gibt ein paar Grundregeln, die man beim Visualisieren beachten sollte.

WENIGER IST MEHR.

Wenn man sich auf das Wesentliche konzentriert, kann man nicht alles darstellen, sondern man verzichtet auf unnötige Details. Kleine Wörter oder Zusammenhänge kann man auch durch Zeichen und Symbole (z.B. Pfeile, * für Geburt) ersetzen. Die erfasst das Auge schneller. Durch die Erklärung kann der Zuhörer solche Kurzformen trotzdem verstehen. Mit dem Einsatz von Farben und Effekten sollte man vorsichtig sein. Beides muss zum Vortrag und zur Situation passen. Da könnte Pink beispielsweise als Farbe für Überschriften in einem Sachvortrag unangebracht sein.

ZAHLEN GEHÖREN IN EIN DIAGRAMM.
Eine Ansammlung von Zahlen lässt sich schwer mit einem Blick erfassen, durch die Darstellung in einem Diagramm gelingt das besser.

Beispiel: Man will den oben zitierten Satz von Stephan Gora sagen und für die bessere Verständlichkeit visualisieren. Um die eben genannten Regeln einzuhalten, könnte man wie folgt vorgehen: SATZ: „Wir behalten von dem, was wir lesen 10 %, hören 20 %, sehen 30 %, sehen und hören 50 %, selbst vortragen 70 %, selbst ausführen 90 %." (Gora 2001, S. 58)

DER MENSCH DENKT IN BILDERN.
Bilder können gut Fakten bündeln und auf den Punkt bringen. Sie bergen aber auch die Gefahr, nur Dekoration zu sein. Daher bedürfen sie einer Beschriftung mit Bildtitel und Quellenangabe sowie der Erklärung während des Vortrags.

DER VORTRAG STEHT IM VORDERGRUND.
Die Visualisierung muss zum Vortrag passen, sowohl in ihrer Abfolge als auch in ihrer Erscheinung.

Möglichkeiten der Visualisierung

Je nach Inhalt, Situation, Ziel, Redner, Zuhörerschaft und Gegebenheiten findet man viele Wege, die wichtigsten Informationen dem Publikum sichtbar zu machen. Prinzipiell sind der Fantasie keine Grenzen gesetzt, wenn es zur Situation passt und sinnvoll in den Vortrag integriert wird. Oft werden folgende Medien zur Veranschaulichung verwendet:

- Moderationskarten / Pinnwand
- Flipchart
- Kreidetafel / Whiteboard
- Folie / Overheadprojektor
- Computergestützte Präsentation / Beamer-Präsentation
- Handout [26]

---

26 Auf das Handout und die computergestützte Präsentation/Beamer-Präsentation wird in Kapitel III. 2. 2 genauer eingegangen.

Man könnte das genannte Beispiel zur Behaltensleistung wie folgt visualisieren:
- Man schreibt die sechs Punkte mit den Prozentzahlen auf Moderationskarten, die dann an die Pinnwand gehängt werden, wenn der Vortragende so weit ist.
- Der Sprecher notiert die sechs Punkte als Worte oder als Diagramm auf einem Flipchart oder an einer Tafel/Whiteboard.
- Die sechs Punkte sind in Wort- oder Diagrammform bereits vom Vortragenden auf eine Folie gedruckt/gezeichnet worden, sodass er sie an entsprechender Stelle im Vortrag nacheinander auf dem Overheadprojektor aufdeckt.
- In einer Beamer-Präsentation entsteht das Diagramm schrittweise während des mündlichen Vortrags.
- Auf einem Handout ist das Diagramm bereits abgedruckt, sodass der Sprecher beim Vortrag darauf Bezug nehmen kann.

III.1.4 Planung des Vortrags: Die Konzepttechnik

Die Redner der Antike mussten an vierter Stelle ihrer Vorbereitung die Rede auswendig lernen. Das ist bei Vorträgen heute nicht mehr üblich, jedoch setzte man an die Stelle des Lernens die Vorbereitung einer Gedächtnisstütze: das Erstellen eines Konzeptes. An dieser Stelle wird absichtlich auf das Wort *Stichpunktzettel* verzichtet, da manche Vortragenden dies zu wörtlich nehmen: Ein Zettel, ein- oder abgerissen, mit Stichpunkten, mehr oder weniger sauber geschrieben. Das macht keinen guten Eindruck auf das Publikum, das dem Redner doch seine Zeit und Aufmerksamkeit schenken soll.

Vielmehr sollte man sich DIN A5-Karteikarten als Gedächtnisstütze wählen, denn sie verdeckt durch ihre geringe Größe den Vortragenden nicht und ist zugleich stabil genug, um nicht so viel Lärm zu machen, wenn der Sprecher mit ihr in der Hand gestikuliert. Um die Zuhörer nicht abzulenken, weil sie vielleicht versuchen mitzulesen, sollte nur die Vorderseite beschrieben sein.

Zur Aufteilung des Konzeptes gibt es unterschiedliche Tipps (vgl. z.B. bei Allhoff und Allhoff (2006, S. 109 f.) oder Wagner (2006, S. 169 f.)). Ein Vorschlag ist zum Beispiel die Aufteilung in Abbildung 16. Der Vorteil dieser Konzepttechnik ist, dass man nach ein wenig Übung mit Hilfe der linken Spalte seinen Vortrag halten kann. Falls man – durch die Aufregung – nicht mehr weiß, was man zu dem Schlüsselbegriff sagen wollte, hat man den ausführlicheren Stichpunkt zur Hilfe. Und der Medieneinsatz ist in jedem Fall vermerkt, sodass man nicht vergisst, seine Visualisierung einzusetzen.

Schlüsselbegriff	• Stichpunkt • Stichpunkt • Stichpunkt	Medieneinsatz (z. B. Tafelanschrieb, Folie, Klick in der Beamer-Präsentation)
Schlüsselbegriff	• Stichpunkt • Stichpunkt • Stichpunkt	
Schlüsselbegriff	• Stichpunkt • Stichpunkt • Stichpunkt	Medieneinsatz
Schlüsselbegriff	• Stichpunkt • Stichpunkt • Stichpunkt	

Abbildung 16: Vorlage für eine Konzepttechnik

Jeder muss letztendlich aber selbst herausfinden, was die eigene Vortragsweise am besten unterstützt. Mit jedem Vortrag lernt man dazu. Auf keinen Fall sollte man sich zu viel aufschreiben, weil man dann nur dazu verleitet wird, seine Notizen abzulesen. Es gilt auch wieder: Weniger ist mehr. Die Stichpunkte werden im Nominalstil[27] verfasst. Den Einsatz der Visualisierung und der Medien sollte man in jedem Fall auf dem Konzept vermerken, sodass man diesen nicht vergisst. Auch die Nummerierung der Karteikarten kann vor irritierenden Pannen schützen.

Vor allem bei Reden oder komplizierten Sachverhalten werden oft Manuskripte eingesetzt, in denen all das wortwörtlich ausformuliert ist, was der Sprecher sagen möchte. Hierbei kann man wenig flexibel auf die Reaktionen der Zuhörer eingehen, muss vorher üben, nicht zu schnell und abwechslungsreich zu sprechen. Außerdem sollte man auch beim Manuskript beachten, dass die Schrift gut lesbar (Druck, Schriftgröße) und übersichtlich gestaltet ist (großer Zeilenabstand, übersichtliche Gliederung). Pausen- und Betonungszeichen erleichtern das Vortragen und nummerierte Seiten erleichtern das Wiederauffinden nach einem „Unfall".

III.1.5 Halten des Vortrags

Der letzte Punkt der Entstehung eines Vortrags ist das Halten desselben vor einem Publikum. Das kann nur mit einer gründlichen Vorbereitung gelingen und wenn man eine angemessene verbale und nonverbale Kommunikation (vgl. Kapitel I. 2) einsetzt. Dazu gehört auch der bewusste Einsatz der Stimme. (Vgl. Kapitel III. 2. 1)

---

27 Nominalstil bedeutet, dass man Verben in Form von Substantiven notiert – beispielsweise *Vorbereitung eines Vortrags* statt *einen Vortrag vorbereiten*. Auf diese Weise werden die Stichpunkte kürzer und beim Vortrag gerät man nicht in die Gefahr, die Wortgruppen mit Verb einfach nur vorzulesen.

Exkurs: Unterscheidung Gegenstand und Thema

Für das Gelingen eines Vortrags ist es wichtig, dass man immer im Auge behält, was eigentlich vorgetragen werden soll. Meist wird der zu behandelnde Gegenstand vorgegeben. Dieser ist ein weit formulierter Bereich, den man in einem Vortrag gar nicht umfassend besprechen kann. Man muss den Gegenstand also noch eingrenzen und ein Thema finden. Dazu nimmt man eine zeitliche, örtliche und/oder inhaltliche Einschränkung vor. Man kann sich das so vorstellen, dass der ganze Kuchen der Gegenstand ist und die Kuchenstücken die Themen, die dem Gegenstand innewohnen. Da man nie alle Stücke essen kann, sucht man sich das leckerste/spannendste heraus und genießt nur das eine, statt von allen einen Bissen zu nehmen.

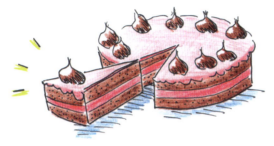

Um beim Essen zu bleiben: Der Gegenstand lautet beispielsweise Ernährung. Nun kann man nicht alles zur Ernährung in einem Vortrag besprechen, sondern muss sich einen Schwerpunkt, also ein Thema, herausnehmen – zumeist in Abstimmung mit dem Lehrer.

- Zeitlich grenzt man den Gegenstand ein, wenn man sich zum Beispiel auf die Ernährung im Mittelalter konzentriert.

- Eine örtliche Begrenzung nimmt man vor, wenn man die Ernährung im Spreewald thematisiert.

- Inhaltlich kann man den Gegenstand einschränken, indem man die gesunde Ernährung zum Thema macht.

- Selbstverständlich ist auch die Kombination der Einschränkungen möglich. Das Thema könnte dann lauten: *Die gesunde Ernährung der Bewohner des Spreewaldes im Mittelalter.* Je genauer das Thema gewählt ist, desto klarer ist der Auftrag bei der Recherche und weiteren Vorbereitung des Vortrags.

Das Thema kann man oft auch als Problemfrage formulieren. Das hat den Vorteil, dass man diese in der Einleitung dem Publikum präsentiert, im Verlauf des Vortrags klärt und im Schluss zusammenfassend beantwortet, sodass am Ende das Problem gelöst ist.

III.2 Medien beim Vortragen

In Kapitel III. 1. 3 wurden bereits einige Medien angesprochen, mit deren Hilfe man wichtige Informationen eines Vortrags sichtbar machen kann. Im Folgenden sollen die drei bedeutendsten Medien eines Vortrags vorgestellt werden, wozu neben den Visualisierungsmitteln der computergestützten Präsentation und dem Handout auch die Stimme gehört. Denn ohne dieses Medium und eine gut gewählte Sprechtechnik kann man das Publikum nicht optimal erreichen. Bereits die Redner der Antike übten im fünften Schritt der Redeproduktion, der Pronuntiatio/Actio, die richtige Sprechtechnik, wozu vor allem Elemente der nonverbalen Kommunikation (vgl. Kapitel I. 2) trainiert wurden.

Alle Medien bei einem Vortrag vereint, dass sie einer Vorbereitung bedürfen. Damit ist das Erstellen aber auch das Ausprobieren kurz vor dem Vortrag gemeint. Beispielsweise „zerstören" unterschiedliche Drucker das vorher perfekt formatierte Handout, die ungleichen Programmversionen stellen die computergestützte Präsentation nicht optimal dar oder das Mikrofon überträgt die Stimme nur verzerrt.

III.2.1 Stimme

Sprich, damit ich dich sehe.[28] Diese Worte soll der Philosoph Sokrates bereits im antiken Griechenland gesagt haben. Die Stimme scheint also eine wichtige Rolle zu spielen, wie andere uns wahrnehmen, was sie von uns denken. Sie ist einzigartig und hat daher nicht nur einen hohen Wiedererkennungswert, sondern sie transportiert über die Informationen zur Person hinaus weitere – für die Kommunikation wichtige – Aussagen: Emotionen, Einstellungen und Wertungen. Eine Stimmung schlägt sich nämlich nicht nur auf das Gemüt, sondern involviert den ganzen Körper. Auch die für das Sprechen entscheidende Muskulatur ist davon nicht ausgenommen, weswegen man einem Menschen seine Stimmung anhören kann.

Erstaunlich ist, dass die meisten Menschen den Klang ihrer eigenen Stimme nicht kennen. Das liegt zum einen daran, dass nicht nur die Schallwellen aus der Luft an ihr Ohr dringen, sondern auch der Körper den erzeugten Sprachschall weiterleitet. Man hört seine Stimme also auch „von Innen". Zum anderen ist die Wertigkeit der Stimme durch die Gesellschaft geprägt. Hier tritt die Stimme gegenüber anderen Faktoren der Kommunikation (z.B. Körpersprache) eher in den Hintergrund. Dabei haben Untersuchungen ergeben, wie wichtig die Stimme für die Aufmerksamkeitsgewinnung der Hörer ist: Mehrabian (1972) fand heraus, dass der Inhalt/die Worte dabei mit nur 7 % eine scheinbar untergeordnete Rolle spielen, wenn man die Prominenz von Stimme (38 %) und Körpersprache (55 %) beachtet.[29] Auch wenn man diese Zahlen mittlerweile in der Forschung vorsichtig inter-

---

28 Dieses Kapitel zur Wirkung der Stimme bezieht sich vor allem auf die Erkenntnisse aus folgender Veröffentlichung und übernimmt daher auch die dort vorgeschlagenen Termini: Eckert, Hartwig & Laver, John: Menschen und ihre Stimmen. Aspekte einer vokalen Kommunikation, Weinheim 1994.

29 Amon, Ingrid: Die Macht der Stimme. Persönlichkeit durch Klang, Volumen und Dynamik, 2. Auflage, Frankfurt & Wien, 2003, S. 15.

pretiert, kann man durch sie sehr gut erkennen, dass die Stimme und Körpersprache einen enormen Einfluss in der Kommunikation haben.

Einige Sprecher meinen, ihre Stimme sei ihnen angeboren und sie könnten nichts daran ändern. Das ist aber so nicht richtig. Stimmen werden im Lauf der Sozialisation erworben/gewählt. Natürlich spielen die anatomischen Voraussetzungen eine entscheidende Rolle, doch ebenso hat das Umfeld einen nicht zu unterschätzenden Einfluss. Ein berühmtes Beispiel für die spätere Änderung der gewählten Stimme ist Margaret Thatcher. Bei ihrem Amtsantritt als Premierministerin in Großbritannien hatte sie eine relativ hohe Stimme. Während ihrer Regierungszeit (1979–1990) arbeitete sie an ihrer Stimme mit Stimmtrainern, sodass sie später vier Halbtöne tiefer sprach.

Doch warum trainierte Margaret Thatcher ihre Stimme und beließ nicht alles beim Alten? Menschen werden auch aufgrund ihrer Stimmen eingeschätzt. Der Träger einer tiefen, sonoren Männerstimme wird für selbstbewusst, kompetent und autoritär gehalten. Somit bemühen sich Männer, tief zu sprechen, auch wenn es ihre körperlichen Voraussetzungen nicht zulassen. Das führt möglicherweise zur Überanstrengung der Stimme, deren Konsequenz nicht zuletzt eine Stimmerkrankung sein kann.

Doch nicht nur bei Männern ist der Trend zur tieferen Stimme zu erkennen. Untersuchungen zeigen, dass Frauenstimmen in den letzten Jahrzehnten tiefer geworden sind. Zum einen lässt sich das mit der zunehmenden Körpergröße erklären. Doch auch der Fakt, dass Frauen immer mehr im öffentlichen Leben präsent sind und wichtige Positionen einnehmen, scheint dieses Phänomen zu bewirken. Die Eigenschaften Autorität, Reife, Kompetenz und Selbstbewusstsein sind an eine tiefe Stimme gebunden und werden so auf Frauen und ihre Stimmen übertragen. Das andere Extrem der Frauenstimme ist die so genannte „Klein-Mädchen-Stimme". Dabei benutzen Frauen bewusst oder unbewusst eine höhere Stimme als es die anatomischen Voraussetzungen zulassen. Die Frau macht einen hilflosen, unsicheren, unterlegenen und inkompetenten Eindruck, was bei Männern den so genannten Beschützerinstinkt auslösen kann. In beiden Fällen birgt eine dauerhafte Fehlbelastung der Stimme eine große Gefahr der Schädigung. (Vgl. Allhoff & Allhoff 2006)

Beim Vortragen ist man der Beobachtung durch das Publikum und dessen Beurteilung bewusst ausgesetzt, weswegen es wichtig ist, seine Stimme zu kennen und als Informationen transportierendes Medium des Vortrags bewusst einzusetzen. Welche Grundregeln man hier beachten kann und wie man die Stimme gesund hält, soll in diesem Kapitel besprochen werden.

Stimmeinsatz beim Vortrag

In einem Vortrag ist es wichtig, eine an den Raum und das Publikum **angepasste Lautstärke** zu verwenden. Zu leises Sprechen kann die Zuhörer zu sehr anstrengen, sodass die Aufmerksamkeit schnell nachlässt. Spricht man allerdings dauerhaft zu laut und das Publikum hat das Gefühl, angeschrien zu werden, führt das nachweislich zu einer aggressiven Stimmung. Hier macht vor allem Übung den Meister. Wenn man weiß, dass das eine persönliche Schwäche ist, kann man sein Publikum auch einbeziehen, beispielsweise: Bitte gebt mir mit Handzeichen Bescheid, wenn ich hinten nicht zu verstehen bin.

Ebenso ist die **Sprechgeschwindigkeit** den Zuhörern anzupassen. Hier geht es nicht darum, Silben pro Minute zu zählen, sondern sich Zeit zu lassen, verständlich zu artikulieren und zugleich nicht beim Sprechen einzuschlafen. Einige Sprecher „leiden" darunter, dass ihnen rückgemeldet wird, sie sprechen zu schnell. Hier sollte man nicht sofort die Geschwindigkeit drosseln, denn schnelles Sprechen interpretieren Zuhörer meist als glaubwürdiger und verständlicher als langsames Sprechen (vgl. Allhoff & Allhoff 2006, S. 47) – wer schnell spricht, weiß, was er sagt, und kennt sich somit aus. Schnellsprecher sollten daher unbedingt mit Pausen arbeiten. Diese kann man sich auf seinem Konzept notieren und beispielsweise beim Wechsel des Mediums oder der Folie eben nicht sprechen und so den Zuhörern eine Denkpause einräumen. Gerade für Schnellsprecher wird es anfangs schwer sein, diese Pause auszuhalten. Da es aber für die Aufmerksamkeit förderlich ist, sollte man es trainieren.

Eng verbunden mit der Sprechgeschwindigkeit ist die **deutliche Artikulation**. Hierzu zählt natürlich, dass der Zuhörer jedes Wort, jede Silbe versteht. Darüber hinaus soll an dieser Stelle thematisiert werden, dass der Vortrag eine offizielle Gesprächssituation darstellt, worauf man sich mit der Wahl der Standardaussprache einstellen muss. Umgangs- und Jugendsprache sind hier fehl am Platz. (Vgl. Kapitel Exkurs: Sprachvarietäten)

Die **Betonung** in einem Vortrag dient der Erleichterung des Verstehens und dem Auffinden der wichtigen Informationen, denn die Stimme ist die Trägerin sowohl der reinen Worte als auch derer Bedeutungen. Das heißt, dass der Sprechende zusammen mit den Worten zumeist Interpretationshinweise zur Bedeutung dem Hörer mitgibt. Meint man zum Beispiel eine Aussage ironisch, markiert man diese stimmlich entsprechend. Man sollte in einem Vortrag jedoch davon absehen, zu viel zu betonen. Das strengt zum einen auf Dauer an und die Zuhörer können nicht mehr unterscheiden, was wichtig ist und wobei es sich um Zusatzinformationen handelt.

Abschließend sei darauf hingewiesen, dass der stimmliche Einsatz in einem Vortrag vor allem **abwechslungsreich** sein sollte, denn gut eingesetzt, kann die Stimme die Zuhörer mitreißen. Im anderen Fall besteht die Gefahr des Weghörens und Abschaltens auf der Seite des Publikums.

Stimmhygiene

Damit die Stimme im Vortrag optimal eingesetzt werden kann, sollte man einige Punkte beachten und pflegsam mit ihr umgehen.

Mach ein „Warm Up" vor Sprechsituationen.
Man muss bedenken, dass auch die Stimme durch Muskeln funktioniert. Nicht nur Sportler müssen sich erwärmen, auch Sprecher.

Sprich in der optimalen Stimmlage.
Eine ständig zu hohe Sprechtonhöhe ist sehr stimmschädigend. Die Stimmlippen sind dann übermäßig gespannt, was Verspannungen im Kehlkopf verursacht und damit die Gefahr einer Stimmerkrankung birgt. Da man oft bei Stress und beim Sprechen im Lärm geneigt ist, eine zu hohe Stimmlage zu benutzen, sollte man derartige Situationen vermeiden bzw. deutlicher artikulieren, um der Stimme mehr Tragfähigkeit und mehr Durchdringungsfähigkeit im Lärm zu geben.

Dosiere den Stimmgebrauch.
Zu häufiger, übermäßiger Stimmgebrauch schadet der Stimme. Sie sollte maximal sechs Stunden belastet werden. Alles was darüber liegt, kann sich negativ auswirken.

Passe das Sprechtempo an.
Zu wenige Pausen und ein zu rasches Sprechtempo können sich stimmschädigend auswirken. Man sollte daher auf eine gute rhythmische Gliederung des Vortrags mit ausreichend Pausen achten. Nur so kann der Stimmapparat die notwendigen Einstellungen beim Artikulieren ohne Zeitdruck vornehmen.

Huste statt zu räuspern.
Beim Räuspern wird der Kehlkopf übermäßig gespannt und es kann zur Schleimhautreizung kommen, die zu einem Kreislauf des Trockenheitsgefühls und Räusperns führt. Man sollte besser leicht husten und einen Schluck Wasser trinken.

Betreibe vor Stimmbeanspruchungen nicht „Völlerei".
Die Ernährung hat zwar keinen direkten Einfluss auf die Stimme, dennoch sollte man für den Stimmapparat schädliche Substanzen vermeiden (z.B. Rauch, Staub). Außerdem ist es wichtig zu wissen, dass kalte, heiße und scharfe Getränke/Speisen sowie salzreiche Nahrung zum Austrocknen der Schleimhaut führen können. Direkt vor einer Sprechsituation sind Alkohol, Milchprodukte, Kakao, Cola, Nüsse und Zitrusfrüchte eher kontraproduktiv im Bezug auf eine „gute Stimme".

Nutze eine ausgewogene Mund- und Nasenatmung.
Beim Atmen durch die Nase wird die Luft gereinigt, befeuchtet und erwärmt, was der Stimme sehr gut tut, da einer Austrocknung der Schleimhaut entgegengewirkt wird. Ein positiver Nebeneffekt für den Vortrag ist, dass vermehrtes Einatmen durch die Nase das Sprechen ruhiger erscheinen lässt.

Gebrauche die Stimme in Übereinstimmung mit der Stimmung.
Der Kehlkopf und die am Sprechen beteiligte Muskulatur reagieren empfindlich mit muskulären Verspannungen auf seelische „Verstimmung". Man sollte sich also nicht bemühen, die Stimme zu verändern, sondern die Stimmung zu verbessern und positiv auf den Vortrag eingestimmt zu sein.

Nimm eine physiologische Haltung ein.
Wenn man vor allem aufrecht steht oder sitzt, kann sich die Atmung optimal entfalten und so die Stimme gut unterstützen. Außerdem beugt man so anderen Verspannungen des Körpers vor.

Bewahre die Stimme vor äußeren Schäden.
Man sollte nicht rauchen und sich auch nicht beräuchern lassen. Zudem ist ein gesundes Wohnklima mit ausreichend Belüftung und Luftfeuchtigkeit gut für die Stimme. Ausreichend Bewegung an der frischen Luft ist nicht nur für das allgemeine Wohlbefinden, sondern auch für die Atmung und die Durchblutung des Sprechapparates empfehlenswert.

Achte auf die richtige Atmung.
Man sollte sein Zwerchfell an der Atmung beteiligen, denn so optimiert man die Atmung, die für das Sprechen von besonderer Bedeutung ist. Außerdem hat eine ausgewogene Atmung einen positiven Effekt auf die Ganzkörperspannung, was wiederum eine positive Ausstrahlung auf das Publikum hat.

III.2.2 Computergestützte Präsentation

Im Allgemeinen gelten für eine computergestützte Präsentation dieselben Kriterien, wie sie für die Visualisierung bereits besprochen wurden (vgl. Kapitel III. 1. 3, S. 32). An dieser Stelle sei auf die Besonderheiten dieses Mediums gesondert eingegangen, da es immer mehr Einzug in die meisten Vortragssituationen hält. Ob das jedoch in jeden Fall gerechtfertigt ist, bleibt zu prüfen.

GRUNDSÄTZLICHES

Die Präsentation kann **nie allein stehen**, sondern unterstützt den Sprecher durch das Veranschaulichen wichtiger Aspekte des Vortrags. Jede Folie muss erklärt werden und hat einen tieferen Sinn. Das meint in Bezug auf die Gestaltung auch, dass **keine Sätze** verwendet werden, denn diese ersetzen den Sprecher. Vielmehr sollte eine Beamer-Präsentation den Vortragenden unterstützen, indem sie an seinen Vortrag angepasst ist und mit ihren besonderen Merkmalen Hilfe leistet. Daher muss man diese Besonderheiten auch ausnutzen, zum Beispiel das Einbinden unterschiedlicher Medienformate (Text, Musik, Filme, Bilder), das Hervorheben wichtiger Dinge durch Farben und Pfeile/Einkreisungen. Benutzt man beispielsweise eine Landkarte, ist das ohne die computergestützte Präsentation mit einigem Aufwand verbunden: die Karte organisieren, Kartenständer bereit halten, während des Vortrags die Karte so benutzen, dass sie nichts verdeckt etc. Jedoch eingebunden in einer Folie der Präsentation kann sie eine wichtige Information veranschaulichen, die man in der Vorbereitung durch einen Pfeil oder eine Einkreisung den Zuhörern noch deutlicher macht.

AUFBAU UND GESTALTUNG

In einer computergestützten Präsentation muss gleich am Anfang und möglichst auch in jeder anderen Folie deutlich werden, wer der Vortragende ist, außerdem wie Gegenstand und Thema lauten. Am besten bringt man diese Informationen in der Kopf- und/oder Fußzeile unter. (Meist stehen Gegenstand und Thema in der Kopf-, Autor, Klasse, Fach in der Fußzeile.)

Die Gestaltung der Folien sollte während eines Vortrags gleich bleiben. Wenn man sich also für ein Design entschieden hat, muss es von der Start- bis zur Schlussfolie beibehalten werden. Man sollte bei der Wahl des Designs beachten, dass man

- **Farbe sparsam und aussagekräftig** einsetzt. Das meint zum einen die Verwendung von nicht mehr als drei Farben. Alles darüber wäre zu bunt. Zum anderen beinhaltet die Regel, dass man mit Farben eine Botschaft vermittelt und während der Präsentation beispielsweise Überschriften immer in der gleichen Farbe darstellt. Außerdem muss für die gute Lesbarkeit ein ausreichender Kontrast vorhanden sein.

- eine **gut lesbare Schrift** verwendet. Die Lesbarkeit ist durch eine ausreichende Schriftgröße von mindestens 20 pt gewährleistet, ebenso wie durch die Wahl einer schnörkellosen Schriftart (z.B. Arial). Man sollte hier seiner Präsentation wieder den Charakter der Einheitlichkeit verleihen, indem man die gewählte Schriftart beibehält.

- **aussagekräftige Bilder/Grafiken/Tabellen** verwendet, denn ein Bild kann nur mehr als tausend Worte sagen, wenn es erkannt und verstanden wird. Dazu dürfen es nicht mehr als zwei Bilder je Folie sein und diese müssen in einer ansprechenden Qualität vorliegen, sodass die Details ohne Anstrengung erkennbar sind. Außer-

dem bedarf die Visualisierung einer Beschriftung, aus welcher der Inhalt und die Herkunft der Veranschaulichung eindeutig hervorgehen. Aussagekräftig bedeutet aber auch, dass der Vortragende Aussagen zu dem Bild oder der Grafik macht. Dekoration gibt es nicht in einer Beamer-Präsentation!
- eine **angemessene Sprache** verwendet, was vom Thema, dem Vortragenden und dem Publikum abhängt. Die korrekte Schreibweise und richtige Verwendung von Grammatik und Zeichensetzung sind wesentlich. Da auch im sprachlichen Bereich der Grundsatz gilt *Weniger ist mehr!*, dürfen keine Sätze verwendet werden. Vielmehr sind Schlüsselwörter oder Stichpunkte im Nominalstil[30] zu empfehlen. Oftmals können auch Symbole oder Zeichen Wörter ersetzen, sodass der Text auf der Folie sehr kurz wird. Ausnahmen sind hier Zitate (z.B. von Definitionen), die vorgelesen und anschließend erklärt werden. (Die Angabe des Herkunftsorts des Zitats nicht vergessen!)

Wenn man mehrere Stichpunkte auf einer Folie vermerkt hat, sollte man überlegen, ob man gleich alle mit dem Foliewechsel zeigt oder aber ob man sie nacheinander anzeigen lässt. Letzteres hat den Vorteil, dass der Zuhörer immer genau weiß, zu welchem Stichpunkt gerade geredet wird. Bei diesem Vorgehen muss sich der Vortragende allerdings genau notieren, wann er weiterklickt.

III.2.3 Handout

Es gibt eine Möglichkeit, den Zuhörern die wichtigsten Informationen des Vortrags in die Hände zu geben: das Handout, das ein Leitfaden durch den Vortrag sein und Platz zum Mitschreiben bieten sollte. Um diese Ziele zu erreichen, bedarf es einiger Regeln, die im Folgenden erklärt werden.

GRUNDSÄTZLICHES

Das Handout ist ein Medium der Visualisierung, weshalb alle Regeln der Visualisierung (vgl. Kapitel III. 1. 3) gelten. Dazu gehört vor allem, dass ein Handout den mündlichen Vortrag ergänzt und nicht ersetzt. Neben der bereits getroffenen Auswahl der zentralen Punkte werden immer auch die wichtigsten Literaturangaben verzeichnet, sodass die Zuhörer bei Interesse oder Fragen an entsprechender Stelle nachlesen können.

Damit alle Zuhörer von den Vorteilen dieses Medium profitieren, muss sich der Vortragende selbst um die ausreichende Anzahl der Kopien bemühen. Außerdem sollte er sich überlegen, ob das Handout am Anfang allen Zuhörern vorliegen sollte oder möglicherweise (z.B. um sich den Überraschungseffekt beim Einstieg zu bewahren) erst später ausgeteilt wird. In jedem Fall muss es in der Einleitung thematisiert werden, damit sich am Ende sein fleißig mitschreibendes Publikum nicht über die überraschende Ausgabe des Handouts ärgert.

AUFBAU UND GESTALTUNG

Ein Handout im schulischen Bereich umfasst maximal eine DIN A4-Seite und ist mit dem Computer gestaltet. Im Kopf kann das Publikum den Namen des Vortragenden, Ort und Datum, in der Überschrift Gegenstand und Thema erkennen. Auch das Medium Handout

---

30 Vgl. Fußnote 24.

zeichnet sich durch eine gut lesbare Schrift und -größe sowie eine sparsame Gestaltung aus. Dabei sollte auf den ersten Blick die Gliederung des Vortrags deutlich werden – beispielsweise indem man die Teilüberschriften hervorhebt. Sie einzeln aufzuführen macht keinen Sinn, weil sich diese Information doppelt.

Was genau Inhalt des Handouts ist, hängt von der gewählten Form ab: dem Konzeptpapier oder dem Thesenpapier. Für welche Form man sich entscheidet, bestimmen Thema und Ziel des Vortrags. Denn, wenn man das Publikum vor allem informieren möchte, ist ein Konzeptpapier, will man eine Diskussion anregen, ein Thesenpapier geeigneter.

KONZEPTPAPIER

Auf einem Konzeptpapier sind alle wesentlichen Informationen stichpunktartig aufgelistet. Sätze sind nur dann ausnahmsweise erlaubt, wenn es sich um Definitionen oder wichtige Zitate handelt. Dann darf aber die Angabe des Herkunftsorts nicht fehlen. Bilder/Grafiken/Tabellen sind auf einem Konzeptpapier erlaubt und auch empfehlenswert. Diese sind jedoch keine Dekoration, sondern müssen im Vortrag beschriftet und erklärt werden.

Es ist zu empfehlen, dass die Gestaltung recht großzügig vorgenommen wird, sodass die Zuhörer viel Platz zum Mitschreiben neben, unter und zwischen den Stichpunkten haben. Da so wenige Informationen wie möglich auf dem Handout stehen, sollte dieser Platz vorhanden sein.

THESENPAPIER

Ein Thesenpapier enthält in seinem Namen bereits die Bestandteile: allein Kernaussagen oder Thesen dürfen hier in Sätzen vermerkt werden. (Stichpunkte sind nicht erlaubt!) Diese folgen dem Verlauf des Vortrags, damit der Zuhörer nicht lange suchen muss. Außerdem sollten die Thesen im Vortrag argumentativ ausgebaut werden, sodass im Anschluss eine Diskussion mit dem Publikum möglich ist.

Grafiken und Bilder sind auf einem Thesenpapier nicht gestattet. Diese sollten zur Visualisierung im Vortrag durch andere Medien präsentiert werden.

Exkurs: Angst, vor Publikum zu sprechen

Sprechangst scheint ein großes Thema zu sein, wenn es um das Vortragen geht, denn Untersuchungen zeigen, dass weit mehr als 90 % angeben, Probleme beim Sprechen vor einem großen Publikum zu haben. (Vgl. Allhoff & Allhoff 2006, S. 120) Bevor jedoch kurz einige Tipps gegeben werden, wie man diesen Problemen begegnen kann, muss vorher unbedingt geklärt werden, ob man von Sprechangst oder Lampenfieber spricht und wo die Wurzeln dieses Phänomens liegen.

SPRECHANGST ODER LAMPENFIEBER?

Selbst erfahrene Schauspieler geben oft unumwunden zu, dass sie nach einigen Jahrzehnten auf der Bühne noch immer Lampenfieber haben. Wenn man hingegen Sprecher vor einem Vortrag hört, meinen sie oft, sie hätten Sprechangst. Bezeichnen beide Begriffe dasselbe Phänomen? Die Antwort lautet ja und nein. Ja, denn sowohl der Schauspieler als auch der Sprecher sind in einer Stresssituation, was ihnen ihr Körper anzeigt. Zu den Anzeichen gehören eine erhöhte Pulsfrequenz durch den Anstieg des Adrenalins, feuchte Hände, Verspannung der Muskulatur und damit Händezittern, aber auch eine schnellere Atmung und eine überhöhte Stimmlage. Insgesamt ist der Körper angespannt, was sich meist positiv auf die Sprechsituation auswirkt, denn durch die vermehrte Durchblutung kann man sich besser konzentrieren und mehr von seiner Umgebung wahrnehmen, außerdem erscheint man nicht zu lässig. Sprechangst und Lampenfieber meinen auf der anderen Seite jedoch nicht das gleiche, denn während Lampenfieber die eben beschriebene, förderliche Anspannung meint, behindert die Sprechangst einen Sprecher dermaßen, dass er nicht in der Lage ist, seinen Vortrag zu halten. Die Anspannung geht über das Idealmaß hinaus, indem der Sprecher kein Wort herausbekommt, unkontrollierte Bewegungen macht und am Ende aus der Situation flieht. Solche Sprechangst kennen nur sehr wenige Menschen, die sich professionelle Hilfe holen sollten, während Lampenfieber fast schon normal ist. Trotzdem fühlen sich viele Sprecher bereits mit Lampenfieber unwohl, weshalb im Folgenden einige Tipps gegeben werden, wie man dem Lampenfieber begegnen kann. Es muss allerdings jeder selbst ausprobieren, welche Methode hilft.

WAS TUN GEGEN LAMPENFIEBER?

Ändere die Einstellung zur Vortragssituation und zum Publikum.
Man sollte die Vortragssituation nicht als bedrohlich wahrnehmen, sondern als Chance, sein Wissen den anderen mitzuteilen. Wenn man nämlich nicht davon ausgeht, dass das Publikum etwas Böses will, dann reagiert der Körper nicht so extrem.

Denke positiv.
Vor einem Vortrag sollte man natürlich alle möglichen Pannen ausschließen: die Technik ausprobieren, zeitig genug losgehen, um pünktlich zu sein, gut vorbereitet sein. Anschließend sind negative Gedanken verboten bzw. können positiv beantwortet werden. Die Frage *Was passiert, wenn ich den roten Faden verliere?* gibt es nicht oder wird positiv beantwortet *Dafür habe ich eine gute Konzepttechnik erstellt.*

Stecke erreichbare Ziele.
Wer sich unter Druck setzt, alles perfekt machen zu müssen, erlebt sehr leicht eine Enttäuschung. Auch das Publikum erwartet zumeist keine Wunder, sondern möchte angemessen informiert werden. Je nach Übungsstand beim Vortragen sollte man sich Teilziele stecken – zum Beispiel *Heute möchte ich mehr Blickkontakt halten. Heute soll der Medieneinsatz wie geplant klappen.*
Man sollte in diesem Zusammenhang auch bedenken, dass man sich selbst beispielsweise durch den Einsatz schwieriger Medien kein Bein stellt! Vielmehr ist zu empfehlen, seine Stärken zu kennen und diese im Vortrag zu zeigen.

Lerne zu entspannen und Rituale aufzubauen.
Der Vortrag ist eine gute Übung für mündliche Prüfungen und andere Stresssituationen. Man sollte die Chance nutzen, durch wiederholtes Vortragen Routinen aufzubauen, wie man entspannt und somit das Lampenfieber leichter abbaut. So kann man vor dem Vortrag tief durchatmen, sich Glück wünschen lassen oder auf die Energiewirkung einer Banane vertrauen. Alles, was gut tut, ist erlaubt. Allein von beruhigenden Medikamenten und Alkohol ist abzuraten. Doping ist auch im Sport aus guten Gründen nicht erlaubt!
Manchmal steckt auch ein wenig Aberglaube dahinter beispielsweise mit Glücksbringern. Warum sollte nicht ein bestimmter Gegenstand – natürlich dezent und unauffällig – die nötige Entspannung bringen!?

III.3 Kunst der Rede

Die Rede ist einem Vortrag ähnlich, was die Produktionsstadien (vgl. Kapitel III. 1) und die Gliederung (vgl. Kapitel III. 1. 2) betrifft. Sie zielt jedoch nicht nur auf das Informieren und Belehren ab, sondern strebt durch die mündliche Darbietung eine Meinungsänderung und Herbeiführung einer Tat an. Sie will demnach überzeugen oder unterhalten. Je nach Gegenstand und Ziel der Rede unterscheidet man bereits seit der Antike unterschiedliche Redegattungen und das Stilisieren steht mehr im Vordergrund als bei einem Sachvortrag. Diese beiden redespezifischen Themen werden im Folgenden erläutert.

III.3.1 Redegattungen

Seit der Antike kennt man drei Redegattungen: die politische (Volks-)Rede (*genus deliberativum*), die Gerichtsrede (*genus iudiciale*) und die Festrede (*genus demonstrativum*). Jeder große Rhetor hat dieses System ein wenig verändert und ihm eine persönliche Note gegeben. Seit Aristoteles ist die genannte Dreiteilung jedoch relativ gefestigt überliefert. In der Spätantike kam eine vierte Form der Rede hinzu, die Predigt (*genus praedicandi*). Damit ist das System der Rede bis heute festgeschrieben.

Aktuell ist jedoch der Trend zu beobachten, dass die klassischen Reden eher weniger den Alltag der Menschen berühren. „Gerichtsreden und politische Reden werden in der Regel von Profis gehalten, Festreden sind für die meisten nur bei wenigen Anlässen (Hochzeiten, runde Geburtstage) üblich." (Wagner 2006, S. 65) Vielmehr sind es Vorträge in Schule und Beruf, die vorbereitet und gehalten werden müssen. Dennoch sollte man die Kennzeichen der Rede kennen, um Zeugen aus der Vergangenheit zu verstehen und auf alle Eventualitäten des Lebens vorbereitet zu sein.

Politische Rede

Die politische Rede hatte ihre Entstehung und Bedeutung der besonderen Staats-/Regierungsform zu verdanken, in der das Volk mitbestimmen durfte (Demokratie) und nicht ein Einzelner über die Geschicke eines Staates entscheidet. Damit musste der Redner entweder das Volk oder die anderen Volksvertreter in der Versammlung von seinen Ansichten überzeugen, mit dem Ziel, eine gemeinsame Entscheidung für die Zukunft zu fällen. Hierbei wird deutlich, dass die Rede bereits in der Antike eher als Dialog angelegt war, in dem einem Kommunikationspartner für eine gewisse Zeit das Rederecht überlassen wurde. „Sie geht aus dem urdemokratischen Prinzip der Wechselrede hervor, wenngleich jeder Redner zunächst einmal sein eigenes Parteiinteresse verfolgt und natürlich seinen Standpunkt durchsetzen will."[31]

Gerichtsrede

Die Gerichtsrede ist durch den besonderen Ort – das Gericht – gekennzeichnet. Man will jedoch auch hier durch das Darstellen unterschiedlicher Sichtweisen in einem Fall zu einer Entscheidung des Richters oder der Geschworenen gelangen, womit die Dialogform

---

31 Ottmers, Clemens: Rhetorik, Stuttgart, Weimar 2007², S. 18.

(zwischen Ankläger und Verteidiger bzw. Geschworenen und Richter) der Rede wieder herausgestellt ist. Anders als bei der politischen Rede sind die Redner mehr an Regeln beispielsweise der Argumentation gebunden und beziehen sich auf einen vergangenen Fall, über dessen Folgen in der Zukunft entschieden werden soll.

Festrede

Während die politische und Gerichtsrede von den antiken Autoren wie Aristoteles, Cicero oder Quintilian große Beachtung fanden, ist die Festrede weit weniger überliefert worden. Da sie weder eine Entscheidung noch ein Urteil anstrebt, ist sie nicht so dialogisch angelegt wie die anderen Redearten. Vielmehr gilt es, das Publikum meist bei einer Zeremonie zu unterhalten und damit nicht den Gegenstand, sondern die Form in den Mittelpunkt zu stellen. Das Publikum soll die Rede genießen, in der meist jemand oder etwas gelobt oder getadelt wird. Ein weiterer Grund, warum diese Redegattung weniger Beachtung fand, ist, dass sie als Übungsform in den Rhetorikschulen eingesetzt worden ist, weswegen man kaum Theorie in Büchern darlegen musste: jeder hatte diese Form der Rede ausführlich erprobt.[32]

Predigt

Mit dem Übergang zwischen Antike und Mittelalter (Spätantike) verlor die klassische Rede an Bedeutung, doch das Aufkommen des Christentums ließ eine weitere Redegattung entstehen, die die Grundlagen der Redekunst weitertrug: die Predigt, die von der Kanzel in der Kirche aus gehalten wurde. Da sie weder auf ein Urteil noch auf eine Entscheidung aus ist, sondern das Wort Gottes verkünden will, steht sie der Festrede nahe, jedoch mit maßvoller Gestaltung.

III.3.2 Sprachlicher Stil

Die sprachliche Ausformung einer Rede war seit der Antike Gegenstand vieler theoretischer Abhandlungen. Dabei gab es Normen, die der Redner kennen musste, um sie einzuhalten bzw. bewusst zu brechen. Zwei Schemata halfen, diese Normen zu beschreiben: Stilqualitäten und Stilarten.

Stilqualitäten

Der qualitativ hochwertige Gebrauch der Sprache wurde bereits in der Antike den Rednern vorgeschrieben (*virtutes elocutionis*). Dabei galten folgende Prinzipien:

Korrekte Sprachverwendung (*latinitas*)
Eine Rede darf im Sprachgebrauch keine Fehler aufweisen.

Klarheit/Verständlichkeit/Anschaulichkeit (*perspicuitas*)
Das Publikum soll die Rede verstehen, weil sie verständlich formuliert ist, d.h. nicht, dass sie nur einfach, sondern vor allem auch anschaulich und auf die Zuhörer zugeschnitten ist.

---

32 Vgl. Ottmers, Clemens: Rhetorik, Stuttgart, Weimar 2007², S. 18 f.

Angemessenheit/Gestaltung in Bezug auf das Thema und die Situation (*aptum/decorum*)
Der Redner muss das richtige Maß in der Verwendung der Worte finden, das sich nach inneren (Inhalt) und äußeren Faktoren (Situation) richtet.

Kürze (*brevitas*) **anstelle der Geschwätzigkeit**
Der Kern der Sache sollte anvisiert und zügig erreicht werden, ohne unnötig abzuschweifen.

Schmuck (*ornatus*)
Dem Redner wird empfohlen bezüglich seiner Wortwahl nicht nur alltägliche Wörter zu verwenden, sondern den Inhalt seiner Rede den Zuhörern durch einprägsame, ästhetische und betonende Besonderheiten (rhetorische Stilmittel) näherzubringen. Auf diese wird im Folgenden genauer eingegangen.

RHETORISCHE STILMITTEL

Es gibt nicht den einen Katalog der rhetorischen Stilmittel. Je nach Autor, Schwerpunktsetzung oder Mode der Zeit fallen manche Stilmittel weg oder es kommen neue hinzu. Daher ist ein System nötig, in das man die unterschiedlichen Stilfiguren und Tropen einordnen kann.
„Als Figuren werden die Formen des Redeschmucks bezeichnet, die den gewöhnlichen Ausdruck kunstvoll durch einen weniger gewöhnlichen ersetzen, während bei den Tropen die Vorstellung selbst vertauscht wird. Eine scharfe Trennung zwischen beiden gibt es nicht […]." (Kolmer & Rob-Santer 2002, S. 53)

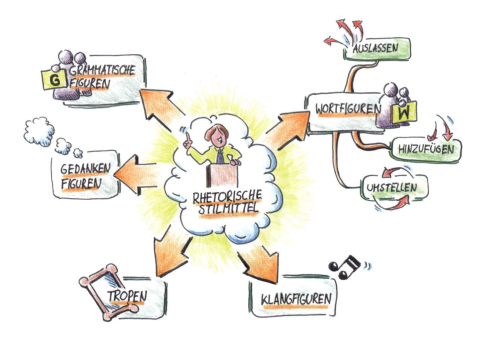

Abbildung 17: Übersicht der rhetorischen Stilmittel nach ihrem Wirkbereich

Es lassen sich bei den Stilmitteln fünf Bereiche nach ihrer Wirkung unterscheiden (vgl. Abbildung 17).[33] Jeder Wirkbereich enthält eine unterschiedlich große Zahl an Stilmitteln, die im Folgenden kurz zusammen mit Beispielen[34] erklärt werden.

Die **Tropen** stellen eine Sonderform in der Figurenlehre dar, denn sie meinen nicht das, was sie sagen, sondern sind allein in übertragener Bedeutung zu verstehen. Damit dienen sie der Anschaulichkeit und Verständlichkeit. Zu diesem Bereich gehören beispielsweise die Metapher (z.B. Redefluss), Metonymie (z.B. Goethe lesen), Personifikation (Die Sonne lacht.).

Neben den Tropen gibt es den Bereich der Figuren, indem das Gesagte zwar wortwörtlich zu verstehen ist, jedoch die Form bewusst verändert wird, um einen Zweck beim Publikum zu erzielen. Den Tropen nahe stehen die **Sinn- und Gedankenfiguren**, die das Zusagende anschaulich darstellen und oftmals einen Bruch im Gedankengang aufweisen. Beispielsweise bewirkt die rhetorische Frage, dass sich die Gedanken der Zuhörer in eine bestimmte Richtung bewegen. Ein Anakoluth bricht den Satz und damit den Gedanken ab (z.B. Sie denkt, wie schön es wäre, denkt sie über den Winter nach.), wobei das Oxymoron (z.B. alter Knabe) einen Widerspruch in sich birgt, was zum Nachdenken anregen soll.

An dieser Stelle wird deutlich, dass das System nicht starr ist, sondern die Bereiche durchlässig sind. Während das Anakoluth auf der einen Seite den Gedanken abbricht, wird zugleich der Satz nicht weiter fortgeführt. Damit gehört es sowohl zu den Sinn- und Gedankenfiguren, ist aber ebenso eine **grammatische Figur**, die Wörter und Satzglieder verbindet. Das Asyndeton (z.B. Jeder läuft, stolpert, rennt.) und die Ellipse (z.B. Und jetzt?) sind als Beispiele ebenfalls diesem Bereich zuzuordnen.

Neben der Satzebene können auch auf Wortebene Gedanken der Rede ausgeschmückt werden. Innerhalb der **Wortfiguren** unterscheidet man noch einmal nach:

- Hinzufügung: Wörter werden wiederholt, beispielsweise Anapher (z.B. Will dich fassen, will dich halten [Goethe: Zauberlehrling]),

- Auslassung: Wörter werden weggelassen, beispielsweise Zeugma (z.B. Er warf eine Fensterscheibe ein und dem Mädchen einen Blick zu.)

- Umstellung: Wörter werden umgestellt, beispielsweise Antithese, Chiasmus (z.B. Eng ist die Welt und das Gehirn ist weit. [Schiller: Wallenstein])

An fünfter Stelle seien die **Klangfiguren** genannt. Sie tragen dazu bei, dass sich die Worte der Rede gut sprechen und einprägen lassen – wie beispielsweise die Alliteration (z.B. Kind und Kegel). Sie können aber auch als Onomatopoesie (z.B. Kuckuck) der Anschaulichkeit und Ästhetik dienen.

Rhetorische Stilmittel werden jedoch nicht eingesetzt, weil es so viele davon gibt, sondern weil diese eine Funktion erfüllen und damit eine Wirkung beim Zuhörer erzielen sollen. Neben der Vielfalt und Abwechslung können Stilmittel Anschaulichkeit, Spannung, Ein-

---

33 Im Folgenden wird die Figurenlehre Quintilians (nach: Ueding 2005[4] und Kolmer & Rob-Santer 2002) zugrunde gelegt und erweitert.

34 An dieser Stelle wird sich auf Beispiele beschränkt. Im Arbeitsheft Rhetorica utens 2 findet sich eine umfangreiche Übersicht zu den rhetorischen Stilmitteln mit entsprechenden Übungen.

dringlichkeit/Betonung und/oder Ästhetik erzeugen. Man sollte neben der sprachlichen Gestaltung aber nicht vergessen, dass der Redner selbst auch die genannten Wirkungen durch seinen Vortrag erreichen kann, wobei die nonverbale Kommunikation eine wichtige Rolle spielt. (Vgl. Kapitel I. 2)

Stilarten und klassische Redeziele

Der Schmuck einer Rede und vor allem dessen Masse hängt vom Ziel ab. Der übergeordnete Zweck einer Rede besteht vor allem darin, das Publikum zu überzeugen, indem man es auf seine Seite zieht. Diesem Ziel kommt man näher, wenn man – je nach Gegenstand und Zielgruppe – mehr den Verstand oder das Gefühl anspricht und daran angepasst einen bestimmten Stil verwendet. (Vgl. Abbildung 18)

Nach Cicero unterscheidet man den schlichten, mittleren und erhabenen Stil. **Schlicht** (*genus subtile*) soll man die Rede ausgestalten, wenn sie belehren oder etwas beweisen (*docere, probare*), d.h. den Verstand ansprechen und jemanden zur Einsicht führen soll. **Erhaben** (*genus grande*) können Reden sein, die das Publikum erregen und erschüttern (*movere, flectere*). Die Stilart **mittel** (*genus medium*) liegt zwischen den beiden anderen und soll die Zuhörer besänftigen und unterhalten (*delectare, conciliare*).

genera dicendi (Stilart)	genus subtile (schlichter Stil)	genus medium (mittlerer Stil)	genus grande (erhabener Stil)
officia oratoris (Aufgaben des Redners)	docere, probare (belehren, beweisen)	delectare, conciliare (erfreuen, gewinnen)	movere, flectere (bewegen, ergreifen)
Wirkungsebene	Verstand	Gefühl	
	Logos	Ethos	Pathos

Abbildung 18: Officia oratoris und genera dicendi

Auch wenn die Redegattungen (vgl. Kapitel III. 3. 1) einen Stil eher bevorzugen, sollte jedoch bei der Stilisierung darauf geachtet werden, dass der Einsatz mehrerer Stilarten für Abwechslung sorgt und damit Langeweile beim Publikum verhindert. Daher können am Ende einer sachlichen Rede durchaus Gefühle das Publikum ergreifen und so endgültig auf die Seite des Redners ziehen.

III.3.3 Redeanalyse

Die Kunst der Rede besteht darin, unterschiedliche Mittel des sprachlichen Stils angemessen einzusetzen, um ein Ziel bei den Zuhörern zu erreichen, das sich zumeist in der Auswahl der Redegattung widerspiegelt. Diese Kunst bedarf natürlich der Übung und der Exempel, deren Analyse Aufschluss über die Anwendung der theoretischen Grundlagen gibt und an denen man sich (k)ein Vorbild nehmen kann. Wie solch eine Analyse aussehen sollte, wird im Folgenden erklärt.

Textanalyse

Die Rede ist, wie vieles der Rhetorik, ein Produkt der Mündlichkeit. Damit geht einher, dass sie meist nach dem Aussprechen verflogen ist, auch wenn sie darüber hinaus eine Wirkung haben kann. In der Antike musste der Redner sie sogar auswendig lernen, sodass es kein Manuskript gab, das der Nachwelt überliefert werden konnte. Dennoch kennen wir antike Reden, da Bewunderer und Kritiker der Redner oder diese selbst die Reden verschriftlichten. Dabei ist natürlich eine gewisse Beeinflussung im Nachhinein nicht auszuschließen. Von Cicero ist beispielsweise bekannt, dass er seine Reden vor der Veröffentlichung gründlich überarbeitete.

Bis in die heutige Zeit ist die Aufnahme einer Rede mit einer Reihe diverser Medien möglich geworden. Trotzdem erscheinen immer wieder Bücher mit Redesammlungen neben Bild- und Tondokumenten, sodass ähnlich wie bei Dramen in Buchform das Mündliche und damit weitere Elemente der Kommunikation ausgeblendet sind. Bei der Analyse einer Rede hat die Schriftform den Vorteil, dass man sich zunächst auf die verbale Kommunikation konzentrieren kann. Daher soll zunächst auf die reine Textanalyse eingegangen werden.

Reden verfolgen immer eine Absicht/Intention (vgl. klassische Redeziele: Kapitel III. 3. 2), die sich sowohl in der Gattung als auch in der Wahl der sprachlichen Mittel widerspiegelt. Ziel der Textanalyse ist, diese Intention zu erkennen und zu beweisen sowie bei kontroversen Inhalten diese zu bewerten. Daraus ergibt sich folgender Aufbau:

A – EINLEITUNG

Zuerst beleuchtet man die Kommunikationssituation. (Vgl. Kapitel I. 1. 2) Es ist entscheidend,

- welcher Redner (in welcher Funktion)
- an welchem Ort (über welche Medien übertragen)
- zu welcher Zeit/unter welchen (historischen) Umständen
- zu welchem Publikum (mit welchen Einstellungen und Erwartungen)
- über welches Thema spricht.

Daraus lässt sich eine Hypothese darüber ableiten, welche Absicht der Redner verfolgt, die im Hauptteil untersucht werden muss.

B – HAUPTTEIL

Den Kern der Textanalyse bildet die formale und inhaltliche Untersuchung des Textes, die jedoch keine Meisterschaft im Aufspüren rhetorischer Stilmittel werden darf, sondern von der Hypothese aus der Einleitung bestimmt wird. Es geht immer darum, ob der Redner diesen Fakt oder dieses Wort bewusst geäußert hat, um sein Publikum zu beeinflussen.

Es gibt zwei Möglichkeiten, die Untersuchung zu strukturieren:

1) Das thematische Vorgehen stellt kurz den allgemeinen Aufbau der Rede vor (z.B. Gliederung in Sinnabschnitte) und konzentriert sich anschließend auf thematische Schwerpunkte, wie zum Beispiel die Analyse einzelner Beweise und ihre Ausgestaltung mit sprachlichen Mitteln.

2) Man kann auch chronologisch vorgehen, indem man jeden Sinnabschnitt der Rede befragt:
- Was wird gesagt?
- Wie wird es gesagt (sprachliche Mittel)?
- Warum wird es auf diese Weise gesagt?

Am Ende beider Varianten muss man auf seine Hypothese zurückkommen und diese durch die Analyse (nicht) bestätigt sehen. Die wichtigsten Ergebnisse sollte man hier noch einmal kurz als Argumente anbringen.

C – SCHLUSS

Am Ende der Textanalyse rundet eine kurze Zusammenfassung den Text ab. Des Weiteren kann man sich je nach Rede kritisch mit dem Thema, Redner oder der Intention auseinandersetzen. Hierbei bewertet man die Rede zum Beispiel im Hinblick auf den Einsatz der Stilmittel in Bezug zur Intention. Man kann aber auch die Rede und ihre Folgen im (historischen) Kontext beurteilen oder Bezüge zu anderen Reden des Sprechers nehmen.

Analyse der nonverbalen Elemente und des Feedbacks des Publikums

Da es sich auch bei der Rede um Kommunikation handelt, bei der durch Feedback des Empfängers der Sender beeinflusst werden kann (vgl. Kapitel I. 1. 1), sollte man neben dem Text bei der Redeanalyse zwei weitere wichtige Faktoren untersuchen: die nonverbalen Elemente des Redners und möglicherweise die Rückmeldung des Publikums.

Der Redner kommuniziert mit weit mehr als seinen Worten und wirkt vor allem auch nonverbal auf seine Zuhörer, die zugleich Zuschauer sind. Daher muss man diesen Aspekt mit in die Redeanalyse einbeziehen und untersuchen, welche Funktion die Sprechweise und körpersprachlichen Aspekte haben. (Vgl. Kapitel I. 2)

Die Wirkung der Rede kann man oft direkt am Feedback der Zuhörer ablesen. In manchen Redetransliterationen sind daher einige (hörbare) Reaktionen des Publikums aufgenommen. Meist wird diese Kategorie jedoch auch mit den neuen Medien nicht adäquat abgebildet, da oftmals der Redner im Fokus der Aufnahme steht. Man sieht nicht, warum der Redner beispielsweise kurz nickt, weil er einen Bekannten im Publikum entdeckt hat. Es ist im Nachhinein nicht zu ermitteln, ob die abwertenden Blicke vieler Zuhörer zur Verunsicherung des Redners geführt haben oder ob er schlecht vorbereitet war.

Erst die Textanalyse unter Beachtung der nonverbalen Kommunikationsebene auf Seiten des Redners und Publikums rundet eine vollständige Redeanalyse ab, aus der man für seine eigenen Reden lernen kann. Schließlich soll die Rede auf dem Abschlussfest nicht nur im Jahrbuch erscheinen, sondern auch gehalten werden.

Exkurs: Feedback

Beim Vortragen gilt, dass Übung den Meister macht. Dabei sollte man sich aber auch immer Rückmeldungen einholen, sodass man Gelungenes im nächsten Vortrag beibehalten und Misslungenes abstellen kann. Das Feedback[35] anderer spielt in diesem Zusammenhang eine wichtige Rolle, denn es informiert darüber, wie man von anderen verstanden und wahrgenommen wurde. Hierbei steht nicht nur das äußere Erscheinungsbild im Fokus, das man sich im Spiegel selbst anschauen kann, sondern vor allem auch die Interpretation der nonverbalen Kommunikation. Denn Außenstehende wissen meist nicht, wie Signale gemeint sind, sondern sie deuten und verstehen sie. Wenn ein Sprecher beim Vortrag beispielsweise die Augen immer wieder zusammenkneift, kann das auf die Hörer möglicherweise arrogant wirken, was zu einer negativen Einstellung gegenüber dem Sprecher und vielleicht auch gegenüber dem Inhalt führt. Das Publikum weiß nicht, dass die Brille gerade vor dem Vortrag kaputt ging, der Sprecher nicht gut sieht und somit die Augen zusammenkneift.

Feedback kann man auf unterschiedliche Weise geben. Wenn beispielsweise ein Zuhörer einschläft oder ein anderer den Raum verlässt, kann das der Sprecher auf seinen Vortrag beziehen. Bei solchen wortlosen und unbewussten Feedbacks ist jedoch bei der Deutung Vorsicht angebracht, denn möglicherweise hat der eine Zuhörer in der Nacht keinen Schlaf gefunden und der andere muss nur auf Toilette.

Am eindeutigsten ist ein Feedback immer in Worten – auch bei spontanen Zwischenrufen wie „Lauter!" ist die Bedeutung klar. Meist werden nach einem Vortrag jedoch auch Auswertungsrunden eingerichtet, in denen der Sprecher genau erfährt, was ihm schon gut gelungen ist und woran er in Zukunft arbeiten muss.

Möglichkeiten und Gefahren von Feedback

Feedback kann Denkanstöße geben, durch die der Sprecher ein bestimmtes Verhalten überprüft und gegebenenfalls verändert. Positives wird dabei verstärkt und künftig ausgebaut, Verbesserungswürdiges aufgezeigt. Somit wird beim Feedbacknehmer der Umgang mit Kritik geübt. Auf der Seite des Feedbackgebers werden Beobachtungsgabe und Urteilsfähigkeit geschult und das Zuhören trainiert. Ebenso ist das taktvolle Anbringen von Kritik ein wichtiger Aspekt.

Feedbackrunden sollten jedoch nicht dazu auswachsen, dass man nur noch versucht, irgendwelche Fehler zu finden. Dabei treten positive Aspekte und der Gesamteindruck in den Hintergrund und der Sprecher wird für seinen nächsten Vortrag verunsichert. Es gelten daher zwei Grundfragen für das Feedback:

- Was habe ich wahrgenommen?
- Wie hat das auf mich gewirkt?

Persönliche Aversionen oder Sympathien sollten ebenfalls keine Rolle spielen, denn ein Feedback ist keine Generalabrechnung mit dem Gegenüber, sondern nur die Rückmeldung zu einem bestimmten Vortrag.

---

35 Dieses Kapitel bezieht sich vor allem auf folgende Ausführung: Vilsmeier, Carmen: Feedback geben – mit Sprache handeln. Spielregeln für bessere Kommunikation, Stuttgart 1995.

Zuletzt bleibt zu sagen, dass Feedback keine Manipulation des Gegenübers ist. Man kann dem Sprecher nur das eigene Empfinden mitteilen. Was er daraus macht, ob und was er von dem Feedback annimmt oder nicht, ist ihm selbst überlassen.

Regeln für das Geben von Feedback

Da ein schlechtes Feedback die Gefahr birgt, den Feedbacknehmer dauerhaft zu verunsichern, sind zur Vermeidung dessen unbedingt Regeln zu beachten.

- Richte dein Feedback direkt an den Empfänger und beachte dessen Aufnahmebereitschaft. Es geht nicht darum, jemanden fertig zu machen.
- Wende die so genannte Sandwich-Methode an, d.h. beginne und ende mit positiven Anmerkungen das Feedback, denn am Anfang und Ende Gesagtes, prägt den Gesamteindruck einer Äußerung.

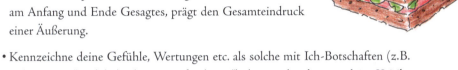

- Kennzeichne deine Gefühle, Wertungen etc. als solche mit Ich-Botschaften (z.B. „Ich meine, ..."; „Ich habe das so empfunden, ..."), denn andere können deine Kritikpunkte ganz anders empfinden.
- Gib nur Informationen, die der Feedbacknehmer auch ändern kann und benenne diese konkret.
- Formuliere Kritik sachlich und taktvoll.
- Versuche nicht, den anderen zu ändern. Es liegt an jedem selbst, was er von der Kritik annimmt und was nicht.
- Gib dein Feedback zeitnah zur bewertenden Handlung, denn dann kann der Feedbacknehmer die Kritik noch am besten einordnen.

Regeln für das Nehmen von Feedback

Nicht nur das Geben von Feedback will gelernt sein, sondern auch das Nehmen desselben, denn nur dann kann man etwas lernen. Daher gilt Folgendes:

- Höre zu, auch wenn du nach deinem Vortrag noch aufgeregt bist. Das Feedback ist nur für dich!
- Verteidige dich nicht, denn Feedback ist kein Angriff!
- Mache dir eventuell Notizen, denn nur so kannst du mit zeitlichem Abstand deine Sprechleistung noch einmal reflektieren.
- Überdenke das Feedback kritisch! Du musst nicht alles aus dem Feedback annehmen. Doch bedenke, dass auch nicht alles aus dem Feedback aus der Luft gegriffen ist.

IV Gespräch

Rhetorik wurde traditionell lange Zeit vor allem als Kunst der Rede wahrgenommen. Dabei waren die Rollen klar verteilt: der Sender informiert und argumentiert nach den Regeln der Redekunst, der Empfänger hört (aufmerksam) zu und nimmt auf, was der Sender zu sagen hat, gewinnt Interesse an der Sache. In der alltäglichen Kommunikation tritt dieser in Kapitel I. 1. 1 als Sender-Empfänger-Modell ausführlich beschriebene Vorgang eher in den Hintergrund. Vielmehr ist der wechselseitige Austausch von Informationen vorherrschend. Der Aspekt der gemeinsamen Tätigkeit in der Definition der Kommunikation tritt beim Gespräch noch mehr in Erscheinung.

In diesem Kapitel werden neben unterschiedlichen Gesprächsformen die Merkmale für Gespräche vorgestellt. Außerdem sollen Tipps für das Leiten und Führen von Gesprächen Sicherheit in formalen Gesprächssituationen geben. Dem Bewerben wird ebenfalls Platz eingeräumt, da vor dem eigentlichen Bewerbungsgespräch der Prozess der schriftlichen Bewerbung steht, der hier zusätzlich kurz thematisiert werden soll.

IV.1 Grundlagen des Gesprächs

IV.1.1 Merkmale

Gespräche lassen sich auf der einen Seite gegenüber der monologischen Rede, auf der anderen Seite auch gegenüber der geschriebenen Sprache anhand ihrer Merkmale abgrenzen. Dabei ist weniger entscheidend, welche Intentionen und Motivationen dem Gespräch zugrunde liegen, sondern vielmehr folgende Aspekte:

Kommunikation in derselben Situation
In einem Gespräch tauschen Sender und Empfänger Informationen in der gleichen (zeitlichen und/oder räumlichen) Situation aus, sodass sie sich meist sehen können. Anders verhält es sich bei der schriftlichen, dialogischen Kommunikation eines Briefes: Zwischen

dem Verfassen durch den Sender und dem Empfang sowie dem Lesen durch den Empfänger liegen zeitliche und räumliche Distanzen. Eine Ausnahme stellt beispielsweise das Telefongespräch dar, bei dem Sender und Empfänger nicht am gleichen Ort, aber zur selben Zeit miteinander sprechen. Dennoch lassen sich die übrigen Gesprächsmerkmale auch in diesen Gesprächen beobachten.

Einsatz nonverbaler Kommunikation
Man hat in Gesprächen immer die Möglichkeit, neben den Worten auch die nonverbalen Signale der Informationsvermittlung zu nutzen. (Vgl. Kapitel I. 2) Dabei können die Körpersprache und die Sprechweise das Gesagte unterstreichen oder relativieren.
Eine Besonderheit des Gesprächs sind Zeigegesten, die daraus resultiert, dass sich meist die Gesprächspartner zur gleichen Zeit am gleichen Ort befinden. Man kann auf eine lange Ausführung zu einem bestimmten Gegenstand oder einer bestimmten Person in der Nähe verzichten, indem man einfach auf ihn/sie zeigt: z.B. Dieser Herr dort hielt gestern einen interessanten Vortrag.

Sprecherwechsel
Anders als in der monologischen Rede und der schriftlichen Kommunikation findet zwischen den Beteiligten im Gespräch ein permanenter Wechsel der Sender- und Empfänger-Rolle statt, wobei in unserem Kulturkreis ein ungeschriebenes Gesetz besagt, dass immer nur einer sprechen sollte. Wann jemand mit Sprechen dran ist, also einen Turn übernimmt, lernt man mit der Muttersprache. Daher setzt man es meist unbewusst ein. Der Sprecherwechsel misslingt dann, wenn man den Gegenüber unterbricht, weil man zu früh einen Redebeitrag beginnt, oder eine peinliche Pause entsteht, da der Einsatz des nächsten Redners zu spät erfolgte.
Drei Regeln beschreiben den Sprecherwechsel:
1. Der Zuhörer entscheidet selbst, wann er die Rolle des Sprechers übernehmen möchte (Selbstwahl). Dabei muss er genau darauf achten, wann der Sprecher fertig ist, wobei ihm die verbalen (Satzende) und nonverbalen Zeichen (fallende Sprechmelodie zum Satzende) helfen können. Falls mehrere Gesprächspartner den nächsten Turn beanspruchen, gilt, dass der Erste gewinnt und Sprecher ist.

2. Der Sprecher bestimmt, wer als Nächstes dran ist (Fremdwahl). Dabei kann er einen Namen nennen, den Kopf in die Richtung des gewünschten Zuhörers neigen oder mit einer Geste auf ihn zeigen. Der Gemeinte hat dann nicht nur das Recht, sondern auch die Pflicht zu reagieren. Wenn er nichts zu sagen hat, muss er das explizit kommunizieren.

3. Eine weitere Möglichkeit besteht darin, dass der Gesprächsleiter das Wort erteilt. Er muss dabei herausfinden, wann der Sprecher mit seinem Turn endet bzw. ihn unterbrechen, weil die Zeit abgelaufen ist. Anschließend nennt er entweder aufgrund der Reihenfolge der Meldungen oder einer Rednerliste den nächsten Sprecher. Dieser hat dann wiederum das Recht und die Pflicht, den Turn zu übernehmen.

Beteiligung des Zuhörers
In Kapitel I. 1. 1 wird bereits im Sender-Empfänger-Modell verdeutlicht, dass der Empfänger nicht nur die Informationen des Senders entgegennimmt, sondern auch ein Feedback gibt. Damit wird er nur bedingt zum Sender, denn er zeigt zwar beispielsweise sein Interesse und das Verstehen an, aber er will nicht das Recht übernehmen. Mit seinem Feedback kann der Zuhörer allerdings den weiteren Verlauf des Gesprächs beeinflussen, weshalb seine Beteiligung als Merkmal mit aufgenommen wird. Denn wenn der Zuhörer beispielsweise fragend schaut, kann der Sender entgegen seinem Plan einen Schritt zurückgehen und noch einmal zu einer weiteren Erklärung ausholen.

Sprachliche Besonderheiten
Während beim Schreiben eines Briefes die Möglichkeit besteht, den vorherigen Abschnitt noch einmal zu lesen oder eine Vorschrift anzufertigen, bevor man die Reinschrift versendet, werden Gesprächsbeiträge meist spontan geäußert. Dabei gilt, was Horaz bereits um 50 v. Chr. in seinen Episteln schrieb: Et semel emissum volat irrevocabile verbum. [Horaz, epistulae 1, 18, 71] (Und einmal entsandt fliegt unwiderruflich das Wort.)
Da man also manchmal eine Äußerung begonnen hat, die man nicht zu Ende führen mag oder muss (weil sie vom Empfänger bereits verstanden wurde), entstehen abgebrochene Sätze (Anakoluthe). Weiterhin sind Korrekturen, Interjektionen und Ellipsen in der gesprochenen Sprache keine Ausnahmen. In einem Brief würde man das nicht durchgehen lassen, ebenso wie die dialektale oder sozial bedingte Färbung der Sprache.
Gerade bei der Verwendung der sprachlichen Besonderheiten ist es aber wichtig, dass man die Gesprächspartner und die kommunikative Absicht beachtet. Letztgenanntes soll im folgenden Kapitel erläutert werden.

IV.1.2 Formen und Faktoren

Man kann Gespräche unterschiedlich kategorisieren: nach der Anzahl der Teilnehmer, nach dem Ziel und der Funktion oder aber nach privaten und geschäftlichen Gesprächen. Im Folgenden werden die Gespräche nach ihrer Funktion (kommunikative Absicht) in unterschiedliche Hauptgruppen eingeteilt (vgl. Wagner 2006, S. 182f.), wobei es sich bei dieser Unterscheidung um ein theoretisches Konstrukt handelt. Das bedeutet, dass Gespräche in der Praxis auch Mischungen aus unterschiedlichen Gesprächsformen sein können – eine Unterhaltung kann beispielsweise Teile eines Streits aufweisen.

- **Klärungsgespräche** (z.B. Aussprache, Besprechung, Erörterung): Hierbei handelt es sich um problemorientierte Gespräche, bei denen man zu einer gemeinsamen Lösung kommen möchte. Diese Gesprächsform wird meist von einem Gesprächsleiter organisiert und strukturiert.

- **Streitgespräche** (z.B. Diskussion, Debatte, Wortgefecht): Wenn bei Klärungsgesprächen das Problem im Vordergrund steht, das man lösen möchte, geht Streitgesprächen bereits eine Meinungsverschiedenheit voraus. Im Gespräch möchte man den Gegenüber von der eigenen Meinung/Ansicht überzeugen.

- **Beratungsgespräche** (z.B. Problemlösungsgespräch, Mediation, Moderation): Im Beratungsgespräch liegt eine ungleiche Verteilung der Informationen bei den

Gesprächsteilnehmern vor. Zumeist hat einer von beiden ein Problem oder Anliegen, das er gemeinsam mit dem anderen lösen möchte.

- **Informations- und Beurteilungsgespräche** (z.B. Verhör, Bewerbungsgespräch): In diesen Gesprächen liegt meist eine Frage-Antwort-Situation vor, mit dem Ziel Informationen zu erhalten bzw. den Gegenüber zu bewerten.
- **Alltagsgespräche** (z.B. Small Talk, Konversation, Unterhaltung): Das Ziel dieser Gespräche ist oft sozial, das heißt die Kontaktaufnahme bzw. -pflege.
- **Sonderformen** (z.B. Audienz, Beichte, Selbstgespräch) unterliegen meist eigenen Regeln, die man kennen muss, bzw. sind fiktive Gespräche.

Neben der kommunikativen Absicht werden Gespräche durch unterschiedliche Faktoren beeinflusst, die man sich in der Vorbereitung vor Augen führen sollte, damit das Gespräch optimal verlaufen kann. Eine Situationsanalyse wie in Kapitel I. 1. 2 macht den gesamten Umfang der Kommunikationssituation deutlich. Im Folgenden sind nur einige Aspekte mit entsprechenden Fragen für die Vorbereitung von Gesprächen explizit aufgeführt.

Gespräche werden durch die **eigene Person** beeinflusst. In diesem Zusammenhang muss man sich fragen, wer man eigentlich in diesem Gespräch ist.
z.B. Bin ich der Experte oder der Fragende? Was habe ich alles schon gemacht und erreicht? Wie fühle ich mich mit diesem Thema, in dieser Gruppe, an diesem Tag?

Die **Beziehung der Gesprächspartner** ist nicht zu unterschätzen. Durch Fragen kann man sich bewusst machen, mit wem das Gespräch stattfinden wird.
z.B. Mit wem führe ich das Gespräch? Was weiß ich von ihm? Welche Sprache benutzt er? Welche Meinung hat er von mir? Welche Vorgeschichte haben wir?

Weiterhin sind **Ort und Zeit** wichtige Größen, die ein Gespräch beeinflussen können.
z.B. Stehen für das Gespräch genügend Zeit und ein ungestörter Ort zur Verfügung? Ist mein Gesprächspartner eventuell ein Morgenmuffel?

Nicht zuletzt beeinflussen **Motive und Ziele** das Gespräch, die zwischen den Teilnehmern nicht übereinstimmen müssen. Daher ist die Einleitung als Gesprächsphase, in der solche Aspekte abgesprochen werden, in ihrer Wichtigkeit nicht zu unterschätzen.
z.B. Welche persönlichen Motive habe ich für das Gespräch? Was soll Ergebnis des Gesprächs sein? Was möchte mein Gegenüber? Wo gibt es Konfliktpotenzial?

IV.1.3 Phasen

Während sich Gespräche hinsichtlich ihrer kommunikativen Absicht unterscheiden, haben sie gemeinsam, dass sie idealerweise aus Einleitung – Hauptteil – Schluss bestehen. Natürlich kann aufgrund innerer oder äußerer Umstände ein Gespräch abgebrochen oder vertagt werden. Im Idealfall werden jedoch alle drei Phasen durchlaufen.

- Zu der **Einleitung** gehören im engeren Sinn die Gesprächseröffnung mit der Begrüßung und Nennung/Strukturierung des Themas.

- Anschließend werden im **Hauptteil** die Informationen und Argumente ausgetauscht, das Problem besprochen oder Fragen gestellt. Das hängt von der jeweiligen kommunikativen Absicht ab.

- Der **Schluss** wird entweder allein durch die Verabschiedung oder durch das Festhalten der Ergebnisse gebildet.

IV.1.4 Strukturierte Gespräche

Manche Gespräche verlieren ihren privaten Rahmen – entweder durch die hohe Teilnehmeranzahl oder durch die Relevanz des Themas –, sodass sie einer festen Struktur und äußeren Form (vgl. Abbildung 19) bedürfen. Man spricht dann von strukturierten Gesprächen (z.B. Diskussionen, Problem-/Konfliktlösungsgespräche, Konferenzen, Verhandlungen).

---

1. Gesprächsvorbereitung
(z.B. Grobplanung, Einladungen, Raum mit Sitzordnung, Unterlagen)

2. Gesprächseröffnung
(v.a. Begrüßung, Hinweis auf Besonderheiten z.B. Gäste, evtl. Vorstellungsrunde)

3. Gesprächsanlass
(Warum und mit welchem Ziel findet dieses Gespräch mit den Teilnehmenden statt?)

4. (gemeinsame) **Gesprächsplanung** – Strukturierung
    (A) Sammeln von Punkten, die angesprochen werden sollen
    (B) evtl. Eingrenzung des Themas und Abgrenzung zu anderen Bereichen
    (C) Festlegung der Reihenfolge und damit indirekt auch der Redner

5. Gesprächsverlauf
    (A) Gesprächsanstoß = Ansprechen des ersten Teilaspektes
    (B) Diskussion über ersten Teilaspekt
    (C) Zwischenzusammenfassung – erstes Teilergebnis
    (D) weiteres Durchlaufen von (A) bis (C) – je nach weiteren Teilaspekten

6. Gesprächsabschluss (v.a. Abstimmung, Festhalten der Ergebnisse, Feedback)

Abbildung 19: Strukturierter Gesprächsverlauf nach: Allhoff & Allhoff (2006, S. 151)

Damit dieser Gesprächsverlauf eingehalten wird, bedarf es auf der einen Seite eines Leiters mit unterschiedlichen Aufgaben. Auf der anderen Seite müssen sich auch die Gesprächsteilnehmer auf das Thema einlassen und vorbereiten sowie ebenso die äußere Form und den Gesprächsleiter in seiner Rolle anerkennen. Außerdem kann man unter den Teilnehmern weitere Aufgaben vergeben, beispielsweise das Führen des Protokolls. Im Folgenden sollen die Aufgaben des Gesprächsleiters in Abgrenzung zum Moderator thematisiert werden.

In Gesprächen mit einem **Gesprächsleiter** obliegen diesem unterschiedliche Aufgaben (vgl. Allhoff & Allhoff 2006, S. 154), die sich in ihrer Auflistung am Verlauf strukturierter Gespräche orientieren (vgl. Abbildung 19):

- eventuell Vorbereitung
- Eröffnung des Gesprächs, Begrüßung und Vorstellung der Teilnehmenden
- Feststellung des Gesprächsanlasses (Motive erfassen, Ziele formulieren)
- Strukturierung des folgenden Gesprächs
- Eröffnung der einzelnen Teilaspekte
- Zusammenfassung der Teilergebnisse
- Leitung von Abstimmungen
- Sicherung des gleichen Rederechts (Rednerliste führen, Redezeit begrenzen, Wort vergeben und entziehen, Sachebene einfordern)
- Beachtung und Umsetzung des Zeitplans
- Feststellung des Gesprächsergebnisses
- Beendigung des Gesprächs, Verabschiedung der Teilnehmenden

Während ein Gesprächsleiter prinzipiell mitdiskutieren und seine eigene Meinung vertreten kann, gilt das nicht für einen Moderator. Hierbei handelt es sich um eine Sonderform der Gesprächsleitung, wobei die Hauptaufgabe in der Prozessesüberwachung und -steuerung liegt. Inhaltlich beteiligt sich der Moderator nicht am Gespräch. Mit unterschiedlichen Techniken visualisiert er Abstimmungen oder den Verlauf des Gesprächs mit dem Ziel, Zwischen- und Endergebnisse sowie Fortschritte für alle sichtbar zu machen. (Vgl. Allhoff & Allhoff 2006, S. 159 ff.)

Für das Gelingen von Gesprächen ist jedoch nicht nur der Gesprächsleiter oder Moderator „zuständig", sondern vor allem die Teilnehmenden. Dabei steht **nondirektives Gesprächsverhalten** an oberster Stelle. Mit diesem Terminus ist gemeint, dass man sich gerade im Hauptteil eines Gesprächs nicht nur auf seine eigene Meinung konzentriert, sondern sich den Argumenten und Ideen des Gesprächspartners öffnet. Das kann man erreichen, indem man „dem Gesprächspartner verdeutlicht,

- dass seine Gedanken, Vorstellungen und Gefühle akzeptiert und ohne Wertungen und sofortige Beurteilung aufgenommen werden;
- dass man selbst engagiert und konzentriert auf die von ihm gesetzten Gesprächsinhalte eingeht und
- dass man davon ausgeht, dass er seine Probleme und Vorstellungen am besten kennt und lösen kann." (Allhoff & Allhoff 2006, S. 180)

Setzt man diese Grundsätze in konkretes Verhalten um, bedeutet das zum einen, dass man **engagiert zuhören** sollte. Man kann seinem Gegenüber beispielsweise mit der Körpersprache oder mit Interjektionen wie „Aha", „Hm" zeigen, dass man bei der Sache ist. Ebenfalls eignet sich das **Paraphrasieren**, wobei man die Äußerung des Gesprächspartners ohne Interpretation mit eigenen Worten wiedergibt, um zu zeigen, dass man ganz Ohr ist. Hiermit umgeht man auch die Gefahr der Missverständnisse, denn der Gesprächspartner kann sofort intervenieren, wenn man ihn falsch verstanden hat. Zum anderen sollte man die Beziehungsebene als Teil der Kommunikation beachten. Das meint, dass man dem Gegenüber rückmeldet, wie man seine Stimmung bzw. den Wechsel derselben wahrnimmt (z.B. Bist du jetzt sehr wütend darüber, dass du ständig unterbrochen wirst?), sodass dieser wiederum darauf reagieren kann.

Exkurs: Fragetechniken

Es gibt den Ausspruch: *Wer fragt, der führt.* Da vor allem der (erfolgreiche) Verlauf von Gesprächen davon abhängt, ob und wie gefragt wird, soll im folgenden Exkurs kurz auf die unterschiedlichen Funktionen und Formen von Fragen eingegangen werden.

Funktionen von Fragen

Zunächst wird geklärt, wozu man Fragen stellen kann. Diese Funktionen beschreibt Wagner (2004, S. 181) wie folgt:

	Funktion	Beispiel
Fragen können …	ein Informationsdefizit ausgleichen	Wie spät ist es?
	Gespräche lenken	Wollen wir zum nächsten Punkt kommen?
	Aufmerksamkeit wecken	Habt ihr schon gehört, dass …?
	Verständnis prüfen	Habt ihr das verstanden?
	jemanden um etwas bitten	Kannst du bitte das Fenster öffnen?
	manipulativ einwirken	Wollten wir heute nicht ins Kino gehen?
	anderen etwas unterstellen	Hast du das absichtlich gemacht?
	Vorwürfe machen	Hast du den Müll noch nicht rausgebracht?
	Probleme verdeutlichen	Was machen wir denn jetzt?
	Denkanstöße geben	Was haltet ihr davon?

Abbildung 20: Funktionen von Fragen

In Abbildung 20 wird deutlich, dass man Fragen nicht nur stellt, weil man etwas nicht weiß. Die Antworten gestalten sich daher auch nicht immer verbal, sondern auf die Bitte, das Fenster zu öffnen, ist die Tätigkeit die angemessene Reaktion. Bei unechten Fragen sind sogar die Antworten gänzlich uninteressant bzw. kennt sie der Fragende bereits. Schüler kennen diese Art von Frage sicherlich aus dem Unterricht. Denn wenn der Geschichtslehrer im Test fragt, wann Karl der Große zum Kaiser gekrönt wurde, liegt bei ihm sicherlich kein Informationsdefizit vor. (Es war übrigens im Jahr 800.)

Einteilung von Fragen

Man kann Fragen unterschiedlich kategorisieren. Dabei geht man entweder von der Art der Antwort aus (offene und geschlossene Fragen) oder von dem Inhalt der Antwort in Bezug auf die Frage (direkte und indirekte Fragen).

- **Geschlossene Fragen** kann man nur mit *Ja* oder *Nein* beantworten.
  z.B. Ist dein Name Sarah?
  Die Gefragte hat genau zwei Möglichkeiten der Antwort.

- **Offene Fragen** laden den Antwortenden dazu ein, einen Satz oder mehr zu sagen.
  z.B. Wie lautet dein Name?
  Auf diese Frage kann die Gefragte mit ihrem Namen antworten oder aber das Gesprächsangebot annehmen und ein wenig mehr beispielsweise zur Herkunft ihres Namens erzählen etc.

Es erklärt sich von allein, dass für die Eröffnung aber auch für den Fortgang eines Gesprächs die offenen Fragen besser geeignet sind. Wenn man allerdings eine kurze und präzise Antwort haben möchte, sind geschlossene Fragen geeigneter.

- **Direkte Fragen** erfragen konkret, was man wissen möchte.
  z.B. Wann treffen wir uns morgen? Machen wir heute oder morgen zusammen Hausaufgaben?

- Mit der **indirekten Frage** verfolgt der Fragende eine Strategie. Er ist nicht vordergründig an der Information interessiert, die er erfragt.
  z.B. Was sagst du eigentlich dazu, dass wir schon wieder einen Test schreiben?
  Hiermit versucht man den Gegenüber auf seine Seite zu ziehen.

In Gesprächen werden häufig indirekte Fragen verwendet, was jedoch als Manipulation vom Gesprächspartner negativ aufgefasst werden kann. Daher muss man im Gebrauch von Fragen wissen, wie sie wirken können, sodass der Ausspruch vom Beginn des Exkurses lauten muss: *Wer richtig fragt, der führt und bestimmt das Gespräch.*

IV.2 Bewerben

Der Bewerbungsprozess ist vielschichtig und passt insofern in das Kapitel Gespräch, da am Ende das Vorstellungsgespräch mit seinen Besonderheiten steht.

Das Bewerben kann man grob einteilen in die schriftliche und mündliche Bewerbung, wobei erstgenannte auf letztere vorbereitet, indem man seine eigenen Stärken und Schwächen kennenlernt, Informationen zum Beruf herausfindet und alle Erkenntnisse im Bewerbungsschreiben zusammenfasst. Auf dieser Basis macht sich der Empfänger ein Bild vom Sender und lädt ihn gegebenenfalls zu einem Vorstellungsgespräch ein. Tipps und Formalia zu den einzelnen Punkten werden im Folgenden erläutert.

IV.2.1 Vorarbeit

Bevor der eigentliche Bewerbungsprozess startet, muss man sich grundlegende Fragen stellen, die man in folgende Bereiche einordnen kann:

- **Profilbestimmung**: Was sind meine Stärken? Was kann ich besonders gut? Was will ich? Was traue ich mir zu? Welche Schwächen kenne ich?
- **Informationen** zum Berufsbild: In welchem Beruf möchte ich gern arbeiten? Welche Voraussetzungen brauche ich für diesen Beruf?
- **Recherche** nach Stellen: Gibt es freie Stellen, auf die ich mich bewerben kann? Welche Unternehmen und Aufgabenfelder interessieren mich – kann ich mich initiativ bewerben?

Es ist schwer, alle diese wichtigen Punkte allein zu bewältigen. Daher ist es sinnvoll, zusammen mit der Familie, Freunden und Profis (z.B. Berufsberatern) diese Vorarbeit zu leisten.

IV.2.2 Schriftliche Bewerbung: Die erste Hürde

Die erste Hürde auf dem Weg zum Vorstellungsgespräch stellt die schriftliche Bewerbung dar. Hier tritt der Sender (Bewerber) erstmals beim Empfänger (möglicher Arbeitgeber) in Erscheinung und hinterlässt den ersten Eindruck, der möglichst gut und langanhaltend sein sollte.

Die schriftliche Bewerbung besteht aus unterschiedlichen Dokumenten (klassischerweise in einer Bewerbungsmappe), die im Folgenden detailliert vorgestellt werden:

- Anschreiben
- Anlagen: Lebenslauf mit Bewerbungsfoto, Zeugnisse und Referenzen

Die Anforderungen an die einzelnen Teile der schriftlichen Bewerbung sind sehr unterschiedlich, was in den folgenden Ausführungen deutlich werden wird. Allen gemeinsam ist jedoch ein wichtiger Punkt: die Sorgfalt und Passgenauigkeit müssen deutlich erkennbar sein, damit der Empfänger merkt, dass die Bewerbung vom Sender ernst genommen wird. Das meint zum Beispiel die vollkommene Fehlerfreiheit der Schreiben, das angemessene Äußere ohne Knicke, Eselsohren oder Flecke, das Bewerbungsfoto nicht aus dem Automaten.

Das **Anschreiben** öffnet die Tür und muss sachlich sein. Bezogen auf das Äußere meint sachlich, dass man sich an formale Vorgaben halten muss:

- Standardschrift (z.B. Arial, Times New Roman in 11 pt)
- maximal eine DIN A4-Seite
- formaler Aufbau (vgl. Abbildung 21)

Inhaltlich meint sachlich, dass immer folgende Punkte in der vorgegebenen Reihenfolge enthalten sein müssen, die optisch durch (meist drei) Absätze getrennt werden:

1. Bezug zur Stellenanzeige, Quellenangabe
2. Präsentation und Kommentar zu den eigenen Stärken, Kenntnissen, Erfahrungen und Qualifikationen für die angestrebte Stelle; Grund der Bewerbung; die aktuelle Situation; möglicher Eintrittstermin; Bezug auf die Ausschreibung
3. Bitte um ein Vorstellungsgespräch

Maxi Mustermann
Musterstraße 55
33779 Musterstadt
Tel.: (03362) 123456
E-Mail: maxi.m@anbieter.de

— seriöse E-Mail-Adresse verwenden

Firma Holzhaus
Frau Lärche
Holzwurmstraße 33
77993 Holzdorf

Musterstadt, 3. Juli 2011

— deutlicher Abstand zwischen Adresse und Betreff

Bewerbung um die ausgeschriebene Stelle als Forstwirtin — Betreff nur mit Fettdruck deutlich hervorheben

Sehr geehrte Frau Lärche, — **Einleitung:** Nennen der Stelle und des Anlasses

auf der Internetseite Ihres Forstamtes fand ich gestern die Ausschreibung der Stelle als Forstwirtin zum 01.10.2011. Ich bewerbe mich hiermit um diese Stelle.

Bereits seit meiner Jugend beschäftige ich mich mit dem Thema Wald und habe als Pfadfinder viel Wissenswertes über das Leben mit und im Wald erfahren. Während meines Bachelorstudiums „Forstwissenschaft und Ressourcenmanagement" an der Technischen Universität München absolvierte ich ein Praktikum im Walderlebniszentrum Grünwald, bei dem ich folgende Aufgaben übernahm:
- Hilfe beim Begrünen der Waldbestände
- Einzäunen der Bäume gegen Wildverbiss
- Schädlingsbekämpfung
- Rücken und Stapeln von Baumstämmen

Nach meinem Studium, das ich voraussichtlich im August abschließen werde, möchte ich in diesem abwechslungsreichen Beruf tätig werden, wobei mich die Weitergabe des Wissens an Kinder und Jugendliche sowie Familien am meisten interessiert.

Hauptteil: Präsentation der eigenen Stärken und Qualifikationen für die angestrebte Stelle = kleine Teile aus dem Lebenslauf; aber nicht alles (!); Grund der Bewerbung; möglicher Eintrittstermin; Anpassen an die Anforderungen der Ausschreibung

Ich freue mich über eine Einladung zu einem Vorstellungsgespräch.

Schluss: Bitte um Vorstellungsgespräch

Mit freundlichen Grüßen

Maxi Mustermann — handschriftliche Unterschrift mit blauem Stift

Maxi Mustermann

Anlagen: - Lebenslauf
- Praktikumsbeurteilung
- Zeugniskopien

Abbildung 21: Die schriftliche Bewerbung: Das Anschreiben

❶ **Adresse des Absenders** mit Telefonnummer und seriöser E-Mail-Adresse
❷ **Ort, Datum** des Verfassens
❸ **Adresse des Empfängers:** möglichst Name des Ansprechpartners – Anpassen an Umschlagfenster (DIN 5008)
❹ **Betreff** im Nominalstil mit Angabe der genauen Stellenbezeichnung (evtl. mit Kennziffer)
❺ **Anrede** evtl. mit Funktion/Abteilung – falls kein Ansprechpartner bekannt: *Sehr geehrte Damen und Herren,*
❻ **Text** – meist 3 Absätze – gleichmäßig auf Seite verteilen (nicht mehr als 1 Seite), Anredepronomina groß schreiben
❼ **Schlussformel** mit eigenhändiger **Unterschrift**
❽ **Auflistung** der Anlagen – bei Platzmangel genügt das Wort **Anlagen**

Jede schriftliche Bewerbung enthält **Anlagen**, die als Beweise für die Angaben in Anschreiben dienen.

Der **Lebenslauf** informiert über die Person und ihre schulische und berufliche Ausbildung. Er kann handschriftlich in Form eines Aufsatzes gestaltet werden, doch meist wird heute nur noch die tabellarische Form verlangt. Bei der Gestaltung gibt es einige Vorgaben, die in Abbildung 22 dargestellt sind. Darüber hinaus besteht die Möglichkeit, der Kreativität freien Lauf zu lassen – natürlich **angepasst an die Stelle**, auf die man sich bewerben möchte. Bei dieser Anpassung sollte man die Angabe der Hobbys prüfen, denn ist es tatsächlich von Interesse, dass man mit dem Hund ausgeht, wenn man sich als Anwaltsfachangestellte bewirbt?

Es besteht bei der schriftlichen Bewerbung weiterhin die Möglichkeit, eine persönliche Note durch ein individuelles Deckblatt, ein Zitat oder das Einfügen einer weiteren Seite hinzuzufügen, was jedoch nicht verpflichtend ist. Da zum Beispiel eine zusätzliche Seite nach dem Lebenslauf platziert wird, nennt man sie **Dritte Seite**. Sie umfasst kurze Texte zur Person und deren Motivation sowie Dinge, die für den Einstellenden noch interessant sein könnten. Kreativität wird sowohl bei der Formulierung als auch bei der Gestaltung groß geschrieben. Sie endet ebenso wie der Lebenslauf mit Ort, Datum und eigenhändiger Unterschrift.

Das **Bewerbungsfoto** sollte so neu und so professionell wie möglich sein. Das meint, dass es nicht aus einem Automaten oder vom letzten Urlaub stammen, sondern am besten von einem Fotografen gemacht sein sollte. Es ist zu empfehlen, dass man auf die Frisur und Kleidung besonders achtet. Wenn man sich unsicher ist, nimmt man am besten unterschiedliche Outfits mit zum Fotografen und probiert sie aus. So kann man das beste Foto anschließend mitnehmen und möglicherweise speichern, falls man mehrere Bewerbungen oder auch Online-Bewerbungen (vgl. Absatz Online-Bewerbungen) schreiben möchte.

Die **Nachweise** können aktuelle Zeugnisse (z.B. letztes Schulzeugnis), Praktikumsbeurteilungen, Qualifikationen (z.B. Mediatorenausbildung) und besondere Auszeichnungen (z.B. Teilnahme am Debattierwettbewerb) sein. Sie sollten passend für die jeweilige Stelle ausgewählt sein und nicht den Eindruck der Wahllosigkeit erzeugen.

Immer verbreiteter sind **die Online-Bewerbungen**. Hierbei muss man beachten, ob die Firma eigene Bewerbungsbögen/-formulare zur Verfügung stellt, die man im Internet ausfüllen und gegebenenfalls mit Anlagen bereichern kann. Falls dies nicht der Fall ist, werden die schriftlichen Bewerbungsunterlagen digital versendet. Trotz des modernen Mediums sollte nicht vergessen werden, dass hier ebenso Sorgfalt, Fehlerfreiheit etc. wichtig sind. Das Anschreiben sollte man in die E-Mail selbst schreiben, wobei der Betreff in der entsprechenden Betreffzeile des E-Mail-Programms steht. Der Lebenslauf und alle weiteren Belege werden als ein Dokument in eine portable Datei gewandelt (z.B. PDF) und als Attachment (Anlage) versandt. Es ist zu empfehlen, so auch zusätzlich mit dem Anschreiben zu verfahren.

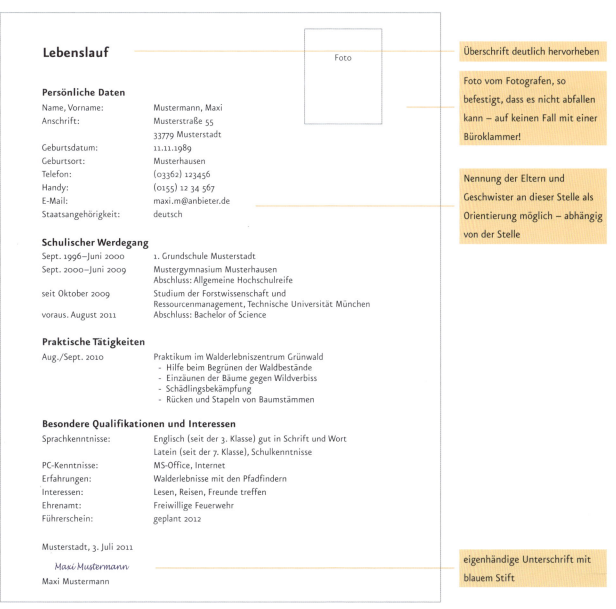

Abbildung 22: Die schriftliche Bewerbung: Der Lebenslauf

Weitere Tipps:

- Die Formatierung kann man über eine Tabelle ohne Rahmen oder die Tab-Taste optimal erreichen.

- Zu viele Schriftarten und -größen wirken unprofessionell. Man sollte sich für eine Schriftart im Gesamtdokument entscheiden.

- Wichtig ist der genaue Abgleich der Einzelpunkte der Ausschreibung bzw. des Unternehmensprofils mit den eigenen Voraussetzungen und Zielstellungen.

- Für den Fall, dass der Lebenslauf länger wird, ist es üblich, die chronologische Abfolge der Daten umzukehren, damit auf der ersten Seite das Aktuellste steht. So muss der Personalleiter nicht lange blättern, um an die neuesten Daten zu gelangen.

Exkurs: Werbung – AIDA

In der Werbung gibt es ein bekanntes Modell, das erklärt, wie man die Menschen zum Kauf von Produkten anregen kann. AIDA sind dabei die Anfangsbuchstaben der vier Schlagwörter, die die unterschiedlichen Phasen vom Erstkontakt zum Kauf beschreiben: Attention, Interest, Desire, Action. Diese einfache Werbeformel kann man auf einige Bereiche der Rhetorik übertragen. Zum einen erinnert sie an den Aufbau eines Vortrags (vgl. Kapitel III. 1. 2): Nachdem man mit einem gelungenen **Einstieg** die Aufmerksamkeit des Publikums gewonnen hat, weckt man mit der **Einleitung** das Interesse am Thema. Der Wunsch, mehr über das Thema zu erfahren wird im **Hauptteil** erfüllt, sodass man die Zuhörer zum **Schluss** zu einer Handlung (z.B. eine Diskussion) bewegt.

Oft wird das AIDA-Modell im Bereich der Bewerbung eingesetzt, was nicht so fern liegt, denn schließlich macht man mit der Bewerbung Werbung für sich.

- **Attention:** An erster Stelle soll ein Bewerber durch seine Bewerbung die Aufmerksamkeit des Personalleiters erlangen. Dabei sind ein gutes äußeres und je nach anvisierter Stelle auch ein außergewöhnliches Erscheinungsbild der schriftlichen Bewerbung wichtig. Gestaltung, Farben und Papierqualität treffen Aussagen über den Bewerber. Ebenso ist die Quellenangabe für den Empfänger interessant.

- **Interest:** Im Bewerbungsschreiben muss man das Interesse wecken. Hier steht die Frage im Vordergrund: Warum sollte gerade ich für diese Stelle ausgewählt werden? Aus diesem Grund können sich Anschreiben und Lebenslauf von Bewerbung zu Bewerbung unterscheiden. Denn hier tauchen nur die besonderen Fähigkeiten und Qualifikationen auf, die für diese konkrete Stelle relevant und interessant sind.

- **Desire:** Beim Personalleiter ist aus dem ersten und zweiten Punkt der Wunsch entstanden, den Bewerber näher kennenzulernen, weil er die ausgeschriebenen Voraussetzungen erfüllt. Daher folgt der nächste Schritt.

- **Action:** Die Einladung zu einem Vorstellungsgespräch ist zunächst die Aktion, zu der der Bewerber den Personalleiter bewegen wollte. Eine abschließende Handlung wäre die Einstellung des Bewerbers.

IV.2.3 Mündliche Bewerbung: Das Vorstellungsgespräch

Das Vorstellungsgespräch ist in den meisten Fällen ein Gespräch mit einem Bewerber. Die Einladenden sind oftmals ein Personalverantwortlicher sowie ein Abteilungsleiter (häufig auch externe Personalberater oder Psychologen), der die speziellen Anforderungen der Stelle genau kennt. Für sie ist Ziel dieses Gesprächs, den bisher nur in der schriftlichen Bewerbung präsenten Bewerber als Person kennenzulernen. Der Bewerber auf der anderen Seite möchte sich so gut wie möglich darstellen, um zu zeigen, dass er für die Stelle optimal ist. Damit beide Ziele erreicht werden, sollen im Folgenden ein paar Tipps vor allem für den Bewerber gegeben werden.

Vorbereitung

Man wurde zu einem Vorstellungsgespräch eingeladen und macht sich nun einen Plan, was bis zu diesem Termin noch alles erledigt werden muss. Neben dem passenden äußeren Erscheinungsbild (z.B. Kleidung, Frisur, höfliche Umgangsformen) sollte die inhaltliche Vorbereitung nicht zu kurz kommen. Dazu gehört neben der Organisation des pünktlichen Erscheinens, ebenso das Durchspielen dieses Gesprächs im Kopf: Welche Fragen könnte der Gesprächspartner stellen? (vgl. Abbildung 23 und Phasen eines Vorstellungsgesprächs) Was interessiert mich? Ein Zettel mit vorbereiteten Fragen wirkt meist engagiert und damit positiv auf den Gegenüber.

Fragen des Einstellenden	Vorbereitung des Bewerbers
Warum haben Sie sich in unserer Firma beworben?	Kann ich meine persönlichen Ziele/Interessen in dieser Firma umsetzen?
Warum möchten Sie diesen Beruf lernen/in diesem Beruf arbeiten?	Wo und wann habe ich schon einmal bewiesen, dass ich für diesen Beruf geeignet bin (z.B. Praktika)? Kenne ich Menschen, die mir ein Vorbild sind?
Wo sehen Sie Ihre Stärken und Schwächen?	
Was machen Sie gern in Ihrer Freizeit?	Was macht mich als interessierten und gebildeten Menschen aus (z.B. Hobbys, Allgemeinbildung, besondere Qualifikationen)?
Wie und wann informieren Sie sich über das aktuelle Tagesgeschehen?	

Abbildung 23: Vorbereitung für ein Vorstellungsgespräch

Des Weiteren sollte man vorbereitet sein auf die Aufforderung: *Stellen Sie sich doch bitte kurz vor, damit wir Sie kennenlernen können.* Hier ist ein kurzer Vortrag (meist zwei bis drei Minuten) verlangt, der sich an der schriftlichen Bewerbung orientiert. Eine intensive Vorbereitung und Auseinandersetzung mit der eigenen Person und dem Unternehmen sind zwingend erforderlich.

Ein letzter Punkt, den man in der Vorbereitung nicht vernachlässigen sollte, sind Schwachstellen in der schriftlichen Bewerbung. Beispielsweise könnte eine schlechte Note oder ein langes Studium angesprochen werden. Hierbei ist die Schuld möglichst nicht bei anderen zu suchen, sondern bei sich selbst (z.B. fehlendes Interesse oder Engagement).

Phasen eines Vorstellungsgesprächs

Meist weisen Vorstellungsgespräche einen Verlauf auf, der ähnlich wie die Phasen in anderen Gesprächen (vgl. Kapitel IV. 1. 3) dreigeteilt ist [36]:

- Die **Einleitung** beinhaltet vor allem die Begrüßung, namentliche Vorstellung und den ersten Smalltalk, sodass die erste Aufregung auf beiden Seiten ein wenig verfliegt. Auch das will gelernt sein! Dies ist der Moment, in dem der erste Eindruck geprägt wird. Man sollte daher so gelassen und selbstsicher wie möglich wirken.

- Der **Hauptteil** ist geprägt von Fragen, wobei zumeist die Einstellenden beginnen und anschließend bzw. im Verlauf des Gesprächs an passender Stelle die Fragen des Bewerbers Platz haben. Phasen der Firmenpräsentation per Film oder Rundgang können integriert sein.

Schwerpunkt/Ziel	Mögliche/typische Fragen
Motive der Bewerbung und Leistungsmotivation (Die Motivation und das Interesse an der Ausbildung wird getestet.)	• Warum haben Sie sich bei uns/in unserem Unternehmen beworben? • Warum wollen Sie gerade bei uns arbeiten? • Ist dieser Ausbildungsplatz erste Wahl oder nur eine Notlösung?
Schulischer und beruflicher Werdegang	• Wie verlief Ihr bisheriger Schul-/Berufsweg? • Wie schätzen Sie Ihre schulischen Leistungen ein? Was sind Ihre Lieblingsfächer? • Haben Sie bereits Praktika absolviert? Was waren dabei Ihre Aufgaben?
Persönlicher, familiärer und sozialer Hintergrund (Motto: „Zeige mir Dein Umfeld und ich sage dir, wer du bist.")	• Erzählen Sie etwas über sich, wir möchten Sie gerne kennenlernen! • Was machen Ihre Eltern/Geschwister beruflich? • Welche Stärken und Schwächen haben Sie?
Gesundheitszustand (Es wird getestet, ob man ein gesunder und einsatzfähiger Mensch oder ob mit Fehlzeiten zu rechnen ist.)	• Waren Sie schon einmal ernsthaft krank? • Wie oft gehen Sie im Jahr zum Arzt?
Eignung für die Stelle (Man will herausfinden, wie man sich mit dem Unternehmen und dem Berufswunsch beschäftigt hat?)	• Was wissen Sie über das Unternehmen/über unsere Kunden/über unsere Produktpalette? • Warum wollen Sie gerade diesen Beruf lernen?

---

[36] Diese Phasen sind mit der Hilfe und der weitreichenden Erfahrungen der Bewerbungstrainerin Claudia Witzlau entstanden.

Schwerpunkt/Ziel	Mögliche/typische Fragen
Informationen für den Bewerber	• Der Gegenüber wird einiges zum Unternehmen sowie den Arbeitskonditionen und -bedingungen erzählen. In dieser Phase ist es wichtig, genau zuzuhören. • Rahmenbedingungen werden grob abgeklärt: Aufgabengebiete, Arbeitszeit, Probezeit, Ausbildungsvergütung. (Möglicherweise werden diese Punkte auch erst im zweiten Gespräch angesprochen.) • Ein Rundgang durch das Unternehmen ist möglich.
Fragen des Bewerbers	• Wichtig ist es, Fragen zu stellen, um das eigene Interesse zu unterstreichen.

• Zum **Schluss** wird von Seiten des Einstellenden erläutert, wie die nächsten Schritte aussehen, wer sich bei wem wann meldet etc. Wichtig und entscheidend ist es, vor der Verabschiedung die weiteren Schritte und Zeiträume abzustimmen.

Assessment-Center & Eignungstests

Ergänzend werden Telefoninterviews, Assessment-Center und Eignungstests durchgeführt, um den Bewerber in unterschiedlichen Situationen kennenzulernen.

Typisch sind:

• schulähnliche schriftliche Prüfungsaufgaben in Mathematik und Deutsch;

• Fragen zur Allgemeinbildung und des aktuellen politischen Geschehens;

• Tests zum logischen Denkvermögen und der Konzentrationsfähigkeit;

• Tests zu psychologischen Fähigkeiten und Verhalten;

• Persönlichkeitstests;

• Arbeitsproben;

• Gruppen- und Rollenspiele;

• die Vorstellung der eigenen Person vor der Gruppe;

• Kurzreferate bzw. Präsentation von Arbeitsergebnissen.

Im Internet und bei Berufsberatern gibt es zu den einzelnen Berufsgruppen Trainings, mit denen man sich im Vorfeld vorbereiten kann. Doch oftmals kommt es gar nicht auf den Inhalt, sondern auf die gezeigte Sozial-, Methoden- und Problemlösungskompetenz sowie den Umgang mit Stress an.

Exkurs: Gender-Kompetenz

Dass zwischen den Geschlechtern Unterschiede in der Kommunikation herrschen, ist mittlerweile durch diverse Comedy-Formate in aller Munde. Bücher wie *Du kannst mich einfach nicht verstehen: Warum Männer und Frauen aneinander vorbeireden* von Deborah Tannen zeigen, dass die Unterschiede erkannt und beschrieben werden. Aufgabe der Forschung war es, diese Beobachtungen zu systematisieren, zu generalisieren und zu erklären.[37] Da es mittlerweile einige Veröffentlichungen zu diesem Thema gibt, soll im Folgenden keine umfassende Analyse genderspezifischen Sprachverhaltens erfolgen (vgl. Fußnote 35, Wagner 2006, S. 32 f.), sondern eine kurze Darstellung der unterschiedlichen Kommunikationsziele, um diese bei der Analyse von Gesprächssituationen anwenden zu können, was möglicherweise das Gelingen der Kommunikation unterstützt.

Dabei sei an dieser Stelle betont, dass es sich nicht um eine (Be-)Wertung handelt: jedes Gesprächsverhalten ist in der einen oder anderen Situation mehr oder weniger geeignet, das Kommunikationsziel zu erreichen. Man muss demnach kompetent sein, aus unterschiedlichen Möglichkeiten auszuwählen.

Gender – Begriffsklärung

Das Verhalten jedes Einzelnen in einem Gespräch hängt von vielen Faktoren ab: die Sozialisierung und Erziehung, die Erfahrungen und Erfolge mit bestimmten Strategien, manchmal die Tagesform. Aber eben auch die Zugehörigkeit zu einem Geschlecht kann das Gesprächsverhalten beeinflussen. Dabei ist mit dem Begriff *Geschlecht* nicht unbedingt das biologische Geschlecht gemeint (englisch: sex), sondern eher die Rolle bzw. der Stereotyp, der mit dem (sozialen) Geschlecht (englisch: gender) verknüpft sein kann. Da es sich damit um eine Varietät des Deutschen handelt (vgl. Exkurs: Sprachvarietäten), verwendet man den Begriff *Genderlekt*.

Während auf der einen Seite solche Unterschiede im Sprechverhalten zwischen den Geschlechtern beobachtet wurden und diese auch erwartet werden, gibt es auf der anderen Seite den Begriff *doing gender*. Das heißt, „[d]urch ihr Sprachverhalten schaffen Frauen und Männer Geschlechtsunterschiede und tragen zur Herstellung von Differenz bei" (Braun, in: Eichhoff-Cyrus 1991, S. 20). Gender ist also keine feste Variable in einem Gespräch, die man nun mal hat (ähnlich dem Alter oder der Rolle als Lehrer vor einer Klasse), sondern man gestaltet sie je nach Situation aus. So mag es manchmal sinnvoll sein, Unterschiede zwischen Mann und Frau herauszustellen und sich „typisch weiblich bzw. männlich" zu verhalten. Hier sei nur an Flirts erinnert, in denen man sich oft bewusst dem Stereotyp des Geschlechts annähert. Hingegen ist dieses Verhalten bei einem Vorstellungsgespräch auf sachlicher Ebene unangebracht.

Genderspezifische Kommunikationsziele und Gesprächsstile

„Frauensprache gibt es natürlich nicht in dem Sinn, dass Frauen eine eigene Sprache sprechen, die Männer nicht verstehen können. Aber wir müssen ein bisschen genauer hinschauen, wie Männer und Frauen, wenn sie zusammen kommunizieren, unterschiedlich

---

37 Vgl. Samel, Ingrid: Einführung in die feministische Sprachwissenschaft, Berlin 1995.

reden, wie sie sich unterschiedlich verhalten."[38] Die Unterschiede resultieren aus unterschiedlichen Kommunikationszielen, mit denen man sich die Folgen in Form genderspezifischen Gesprächsverhaltens erklären kann.

Das **Ziel der weiblichen Kommunikation** ist, Gemeinsames herzustellen. Bevorzugt in kleineren Gruppen reden sie mehr über private Themen und stellen so eine Beziehung untereinander her, die dazu möglichst gut sein sollte. Der Sachinhalt (vgl. Kapitel I. 1. 3) tritt daher (vor allem am Anfang von Gesprächen) eher in den Hintergrund. In öffentlichen Gesprächen unterstützen sie meist mit Feedback oder Nachfragen den Kommunikationspartner und sagen oft weniger als Männer. Es ist deutlich ein „Bemühen darum, dass Kommunikation gelingt" (Gräßel, in: Eichhoff-Cyrus 1991, S. 65).

Auf der anderen Seite, am anderen Ende des Spektrums, ist das **Ziel der männlichen Kommunikation** die eigene Darstellung. Sie wollen zeigen, dass sie einzigartig sind – durch ihr Wissen, ihren Besitz oder andere Eigenschaften. Um diese darzustellen eignen sich große Gruppen, in denen eher Fakten und unpersönliche Informationen ausgetauscht werden. Beim männlichen Gesprächsverhalten ist die Beziehungsebene (vgl. Kapitel I. 1. 3) eher weniger im Fokus. In der Öffentlichkeit reden sie mehr und länger als Frauen, bestimmen häufiger die Themen und übernehmen oft die Gesprächsleitung. Der Gesprächsstil wird als dominant bezeichnet. (Vgl. Kapitel I. 1. 4)

Tannen spricht in ihrer Forschung[39] überspitzt ausgedrückt von zwei unterschiedlichen Sprachen, wenn sie die Stile der Geschlechter beschreibt: Frauen sprechen in der Beziehungs-, Männer in der Berichtssprache. Man muss allerdings unbedingt betonen, dass diese Merkmale immer nur in einer konkreten Gesprächssituation gelten. „Situationsübergreifende Verallgemeinerungen lassen sich nur bedingt machen."[40]

Mithilfe des Wissens um die unterschiedlichen genderspezifischen Kommunikationsziele kann man die in der Wissenschaft erstellten Listen über unterschiedliches Gesprächsverhalten meist gut erklären. Außerdem ist die erfolgreiche Analyse einer gescheiterten Kommunikationssituation möglich, was den Rückschluss zulässt, dass man sich mit diesem

---

38 Trömel-Plötz, Senta: Frauensprache – Sprache der Veränderung, Frankfurt/Main 1991, S. 15.
39 Vgl. Tannen, Deborah: Du kannst mich einfach nicht mehr verstehen. Warum Frauen und Männer aneinander vorbei reden, Hamburg 1991. Ihr soziolinguistischer Ansatz wird in der Wissenschaft diskutiert (vgl. Samel, 1995), weil diese Begrifflichkeiten das Individuum auf einen Stereotyp beschränken. Im vorliegenden Buch sollen die Begriffe jedoch gerade diese Stereotype aufzeigen, um sie ggf. aufzulösen.
40 Samel, Ingrid: Einführung in die feministische Sprachwissenschaft, Berlin 1995, S. 197.

Wissen dem Rollenverständnis nicht mehr hingeben muss, sondern als Frau am Anfang einer Gruppenarbeit ohne Beziehungsarbeit gleich das Arbeiten beginnt oder als Mann im Gespräch mit einer Frau den Beziehungsaspekt mit bedenkt. Falls der eine oder andere das bereits tut, dann bewegt er sich zwischen den beiden Extrempolen und kann sich auf die Situation der Kommunikation einstellen.

Fallbeispiel Genderkomptenz

An dieser Stelle sei die Theorie des Kapitels I. 1. 3 *Anatomie der Nachricht* auf ein Beispiel einer gemischtgeschlechtliche Gesprächssituation angewendet. Es soll dabei die Frage geklärt werden, warum Frauen und Männer möglicherweise aneinander vorbei reden. Ziel ist nicht, eines der beiden Geschlechter schlechter dastehen zu lassen, sondern mögliche Probleme aufzuzeigen, die aus den genderspezifischen Kommunikationszielen resultieren können.

In dem Beispiel leben Mann und Frau zusammen und teilen sich die Hausarbeit. Der Mann ist bereits von der Arbeit nach Hause gekommen und geht seinem Hobby nach – er sitzt konzentriert am Computer und recherchiert. Die Frau kommt von der Arbeit nach Hause, legt ihre Sachen ab, macht sich frisch und bemerkt, dass der Müll nicht wie verabredet vom Mann weggebracht wurde. Sie fragt ihn: „Ist der Müll immer noch hier?" Der Mann sieht kaum vom Computer auf und beantwortet ihre Frage mit einem einfachen „Ja!" Man kann sich vorstellen, dass es in der Frau zu kochen beginnt ob dieser scheinbar dreisten Antwort, doch da sie rhetorisch ausgebildet ist, analysiert sie zunächst die Situation, bevor sie einen Streit vom Zaun bricht.

Zunächst erinnert sie sich an ihre Nachricht (vgl. Abbildung 24):

Abbildung 24: Analyse der Nachricht „Ist der Müll immer noch hier?" nach dem Kommunikationsquadrat nach Schulz von Thun

Während die Frau mit ihrer Nachricht, die sie als Frage losschickte, vier Botschaften sendete (vgl. Abbildung 24), reagierte der Mann nur auf eine Seite: den Sachinhalt. Er erkannte ihr Informationsdefizit und da er nicht vom Computer aufsah und so nicht mitbekam, dass die Frau vor dem noch anwesenden Müll stand, war er so freundlich, ihr die Information zu geben. Hätte er sich konzentriert und die anderen Botschaften verstanden, hätte er so reagieren können:

Abbildung 25: Mögliche Reaktionen auf die Nachricht „Ist der Müll immer noch hier?" nach dem Kommunikationsquadrat nach Schulz von Thun

Es ist unwahrscheinlich, dass der Mann die Botschaften auf der Beziehungs- und Selbstoffenbarungsseite verstanden hätte, da Männer meist vor allem den Sachinhalt bei der Kommunikation im Fokus haben. Frauen hingegen verständigen sich oft vor allem auf der Beziehungsseite. Diese unterschiedlichen Strategien sind ein häufiger Grund für Missverständnisse in der Kommunikation zwischen beiden Geschlechtern.

Die Frau in dem genannten Beispiel überlegt nun, wie die Kommunikation hätte gelingen können. Zuerst hört sie in sich hinein, was sie vorrangig kommunizieren wollte. Sie möchte ihrem Mann sagen, dass sie enttäuscht ist (Selbstoffenbarung) und ihn dazu bewegen, zeitnah den Müll wegzubringen (Appell). Sie weiß, dass sie das nicht erreicht, wenn sie einen Streit darüber beginnt, weil ihr Mann ihr eine auf den ersten Blick provozierende Antwort gab. Daher wiederholt sie ihr Anliegen noch einmal, indem sie eine klare Nachricht versendet und ihrem Mann eindeutige Signale zur Interpretation gibt: „Ich sehe den Müll hier und bin enttäuscht, dass du dich nicht an unsere Verabredungen bezüglich der Hausarbeit hältst. Mir wäre es wichtig, dass du den Müll so schnell wie möglich wegbringst."

Vertiefende und weiterführende Literatur

Allhoff, Dieter-W. & Allhoff, Waltraud: Rhetorik und Kommunikation. Ein Lehr- und Übungsbuch, München 2006.

Eichhoff-Cyrus, Karin M. (Hrsg.): Adam, Eva und die Sprache. Beiträge zur Geschlechterforschung (Duden Thema Deutsch 5), Mannheim 2004.

Fuhrmann, Manfred: Die antike Rhetorik. Eine Einführung, Düsseldorf 2008².

Gerhardt, Gerd & Langermann, Detlef: Rhetorikwerkstatt, Berlin 2011.

Gora, Stephan: Praktische Rhetorik. Rede- & Gesprächstechniken in der Schule, Seelze-Velber 2010.

Gora, Stephan: Schule der Rhetorik. Ein Lese- und Arbeitsbuch, Leipzig 2001.

Göttert, Karl-Heinz: Einführung in die Rhetorik. Grundbegriffe – Geschichte – Rezeption, Paderborn 2009.

Kollmer, Lothar & Rob-Sander, Carmen: Studienbuch Rhetorik, Paderborn 2002.

Ueding, Gert: Klassische Rhetorik, München 2005⁴.

Ueding, Gert: Moderne Rhetorik. Von der Aufklärung bis zur Gegenwart, München 2009².

Wagner, Roland W.: Grundlagen der mündlichen Kommunikation. Sprechpädagogische Informationsbausteine für alle, die viel und gut reden müssen, Regensburg 2004⁹.

Wagner, Roland W.: Mündliche Kommunikation in der Schule, Paderborn 2006.

Abbildungsverzeichnis

Abbildung 1:	Einfaches Sender-Empfänger-Modell	12
Abbildung 2:	Erweiterung des Sender-Empfänger-Modells um das Feedback des Empfängers	13
Abbildung 3:	Erweiterung des Sender-Empfänger-Modells um die Kodierung und Dekodierung	14
Abbildung 4:	Kommunikationsquadrat nach Schulz von Thun kombiniert mit dem Sender-Empfänger-Modell	17
Abbildung 5:	Übersicht zur verbalen und nonverbalen Kommunikation	23
Abbildung 6:	Eigenschaften von These, Argument und Stütze	30
Abbildung 7:	Gliederung einer Argumentation zu einer These	30
Abbildung 8:	Anwendung des argumentativen Dreischritts	31
Abbildung 9:	Gliederung einer begründeten Stellungnahme	34
Abbildung 10:	Prinzipien des Erörterns: Ping-Pong und Sanduhr	36
Abbildung 11:	Aufbau einer Debatte	38
Abbildung 12:	Verlauf einer Debatte	38
Abbildung 13:	Aufbau einer Eröffnungsrede	39
Abbildung 14:	Aufbau einer Debattenrede	39
Abbildung 15:	Dreieck der Rhetorik nach: Gora (2001, S. 10)	40
Abbildung 16:	Vorlage für eine Konzepttechnik	50
Abbildung 17:	Übersicht der rhetorischen Stilmittel nach ihrem Wirkbereich	63
Abbildung 18:	Officia oratoris und genera dicendi	65
Abbildung 19:	Strukturierter Gesprächsverlauf nach: Allhoff & Allhoff (2006, S. 151)	74
Abbildung 20:	Funktionen von Fragen	76
Abbildung 21:	Die schriftliche Bewerbung: Das Anschreiben	79
Abbildung 22:	Die schriftliche Bewerbung: Der Lebenslauf	81
Abbildung 23:	Vorbereitung für ein Vorstellungsgespräch	83
Abbildung 24:	Analyse der Nachricht „Ist der Müll immer noch hier?" nach dem Kommunikationsquadrat nach Schulz von Thun	88
Abbildung 25:	Mögliche Reaktionen auf die Nachricht „Ist der Müll immer noch hier?" nach dem Kommunikationsquadrat nach Schulz von Thun	89

Sachregister

A

AIDA	82
Anschreiben	78, 79, 80, 82
Argumentation	29, 30, 31, 32, 33, 34, 35, 36
Argument	29, 30, 31, 32, 34, 35
argumentativer Dreischritt	29
Figuren	32
Aristoteles	61, 62
Assessment-Center	85
Atmung	56, 59
Axiom	19, 20, 21

B

Begründete Stellungnahme	33
Betonung	18, 23, 25, 54, 65
Beweis	29, 30, 31, 34
Bewerben	70, 77
mündlich	83
schriftlich	78, 80
Blickkontakt	23, 25
(Leser-) Brief	15, 16

C

Cicero	62, 65, 66

D

Debatte	29, 37, 38, 39, 72
Dialekt	23, 25, 26, 27
Diskussion	28, 29, 36, 59, 72, 74

E

Erörterung	29, 35, 36, 72
dialektisch/antithetisch	35
linear/steigernd	35
Exzerpt	43

F

Feedback 13, 15, 17, 25, 67, 68, 69, 74, 87
Fragetechniken 76

G

Gegenstand 40, 41, 46, 51, 57, 58
Genderlekt 86
genera dicendi
    genus grande 65
    genus medium 65
    genus subtile 65
genera rhetorices
    genus deliberativum 61
    genus demonstrativum 61
    genus iudiciale 61
    genus praedicandi 61
Gespräch 21, 22, 27, 70, 71, 72, 73, 74, 75, 76, 77, 83
    Formen 72
    Merkmale 70, 71, 72
    Phasen 74
Gestik 23, 24, 25
Gliederung 30, 34, 36, 45, 46, 59, 66

H

Haltung 23, 56
Hochdeutsch 26
Humanismus 9

I

Ich-Botschaft 29
Intention 29

J

Jugendsprache 16, 54

K

Kodierung **14, 15**
Kommunikation **12, 13, 15, 17, 19, 20, 21, 22, 23, 24, 52, 66, 67,**
68, 70, 71, 86, 87
    komplementär 21
    nonverbal 18, 19, 20, 22, 24, 25, 67
    symmetrisch 21
    verbal 13, 18, 20, 76
Kommunikationsquadrat **17, 88, 89**
    Appell 18, 19, 45, 46, 89
    Beziehung 15, 18, 19, 20, 21, 23, 25, 73, 87, 89
    Sachinhalt 18, 19, 20, 87, 89
    Selbstoffenbarung 17, 18, 19, 89
Konzeptpapier **59**
Konzepttechnik **49, 50, 60**
Körpersprache **23, 25, 47, 52, 53, 71, 76**

L

Lampenfieber **24, 59, 60**
Lebenslauf **80, 81**

M

Manuskript **50, 66**
Medien **43, 48, 52, 59, 60, 66**
    Beamer-Präsentation 48, 49, 50, 57, 58
    Handout 48, 49, 52, 58, 59
    Tafel 48, 49
Mimik **23, 24, 25**

N

Nachricht **12, 13, 14, 15, 17, 18, 25, 88, 89**
Nominalstil **50, 58, 79**

O

officia oratoris
    delectare, conciliare 65
    docere, probare 65
    movere, flectere 65

P

partes orationis
- argumentatio ... 45
- exordium / prooemium ... 45
- narratio ... 45
- peroratio / conclusio ... 45
- propositio ... 45

partes rhetoricae
- dispositio ... 41
- elocutio ... 41
- inventio ... 41
- memoria ... 41
- pronuntiatio ... 41, 52

Präsentation ... 40, 48, 49, 50, 52, 57, 58

Q

Quintilian ... 62

R

Recherche ... 41, 51, 78
- Bibliothek ... 42, 43
- Expertenbefragung ... 42
- Internet ... 41, 42, 43, 80, 85

Rede ... 38, 39, 40, 45, 61, 62, 64, 65, 66
- Analyse ... 65, 67
- Gattungen ... *Siehe* **genera rhetorices**

Redner (Aufgaben) ... *Siehe* **officia oratoris**

Referat ... 40

Rhetorik ... 8, 12, 40, 41, 70
- Dreieck ... 40

S

Sandwich-Methode ... 69

Sender-Empfänger-Modell ... 12, 13, 14, 17, 70

Situationsanalyse ... 15, 73

Soziolekt ... 29

Sprechangst ... 59, 60

Sprecherwechsel ... 71

Standarddeutsch ... 27

Stilart ... *Siehe* **genera dicendi**

Stilmittel (rhetorisch) **63, 64**
    grammatische Figur 64
    Klangfiguren 64
    Sinn- und Gedankenfiguren 64
    Tropen 63, 64
    Wortfiguren 64
Stilqualität .... *Siehe* **virtutes elocutionis**
Stimme **24, 27, 50, 52, 53, 54, 55, 56**
    Einsatz 53
    Hygiene 55
Stütze **29, 30, 31, 34**

T

Thema **33, 34, 37, 40, 41, 43, 45, 46, 51, 57, 58, 66, 74**
These **29, 30, 31, 33, 34, 35, 36, 37, 39**
Thesenpapier **59**

U

Umgangssprache **26, 27**

V

virtutes elocutionis
    aptum / decorum 63
    brevitas 63
    latinitas 62
    ornatus 63
    perspicuitas 62
Visualisierung **47, 48, 49, 57, 58, 59**
Vortrag **18, 22, 27, 40, 41, 44, 45, 46, 47, 48, 49, 50, 52, 54, 57, 58, 69**
Vortragserstellung .... *Siehe* **partes rhetoricae**
Vortragsteile .... *Siehe* **partes orationis**

W

Watzlawick **19, 22**

Z
Zitat **35, 44, 45, 80**
    direkt 44
    indirekt 44
Zuhören **22, 25, 68, 69**

Autorenportrait

Dr. Ramona Benkenstein studierte das Lehramt für Deutsch, Geschichte, Informationstechnische Grundbildung (ITG) sowie die Phonetik und Sprechwissenschaft in Jena. Anschließend erfolgte die Promotion im Fach Germanistische Sprachwissenschaft in Jena. Während dieser Zeit war sie als Dozentin für Sprecherziehung und Rhetorik in der Lehramtsausbildung tätig. Das Referendariat absolvierte sie an der Ganztagsschule Winzerla und ist derzeit unter anderem als Lehrerin für Deutsch, Geschichte und Rhetorik an den docemus Privatschulen tätig. Außerdem engagiert sie sich in der Erstellung von Lehrplänen und Materialien sowie in der Lehrerfortbildung.

Weitere bereits im Polymathes Verlag erschienene Lehrwerke erhältlich unter **www.polymathes-verlag.de**

Discere id potentissimum discendi genus est. [Quintilian, Institutiones oratoriae II, 17, 12]
(Übung ist beim Unterricht das Wichtigste.)

Der Stellenwert der Kommunikation in allen Lebensbereichen ist seit langer Zeit unbestritten hoch, ihre Schulung im Unterricht findet hingegen oft wenig Beachtung. Gerade im Bereich der Kommunikation genügt es oft nicht, nur theoretisches Wissen zu haben, sondern der Lerner muss das Gelernte ausprobieren, anwenden und durch Feedback bestärkt werden. Die Arbeitshefte Rhetorica utens sind vor allem für die Sekundarstufe I konzipiert und eignen sich gut als praktische Anwendung des Theoriewissens des Lehrwerks Rhetorica docens. Das Material kann im eigenständigen Fach Rhetorik, integrativ im Deutschunterricht oder in Projektarbeit zum Einsatz kommen.

Dr. Ramona Benkenstein
Rhetorica utens 1 . Arbeitsheft Rhetorik 7–8
ISBN: 978-3-942657-04-4

Dr. Ramona Benkenstein
Rhetorica utens 2 . Arbeitsheft Rhetorik 9–10
ISBN: 978-3-942657-05-01

Nascuntur poetae, fiut oratores. [Cicero]
(Dichter werden geboren, Redner werden gemacht.)

Der Stellenwert der Kommunikation in allen Lebensbereichen ist seit langer Zeit unbestritten hoch, ihre Schulung im Unterricht findet hingegen oft wenig Beachtung. Gerade in den Bereichen des Vortrags, der Grundlagen der Kommunikation und des Gesprächs sowie der klassischen Rederhetorik können bereits in der Sekundarstufe I und II Kompetenzen ausgebildet werden. Die vorliegenden Lehrpläne wurden für das eigenständige Fach Rhetorik für das Land Brandenburg genehmigt und durch den Einsatz im Unterricht erprobt. Darüber hinaus bieten sie im herkömmlichen Fächerkanon die Möglichkeit einer ausgewählten Schwerpunktsetzung im Bereich der Kommunikation im Deutschunterricht oder in Projekten. Die Materialien Rhetorica docens (Lehrbuch) und Rhetorica utens (Arbeitshefte) sind an die Lehrpläne angepasst.

Dr. Ramona Benkenstein, Anemone Fischer
Lehrplan Rhetorik SEK I
ISBN: 978-3-942657-00-6

Dr. Ramona Benkenstein
Lehrplan Rhetorik SEK II
ISBN: 978-3-942657-01-3

Jahreszahl	Epochen	Ereignisse	Wichtige Personen für die Rhetorik
Rhetorik der des Humanismus und Barocks			
1452	Renaissance, Humanismus	Bibeldruck Gutenbergs	Lorenzo Valla (1407–1457)
1517		Luthers Thesenanschlag	Erasmus von Rotterdam (1467–1536)
			Philipp Melanchthon (1497–1560)
			Johannes Sturm (1507–1589)
			Cyprian Soarez (1524–1593)
1618–1648	Barock	Dreißigjähriger Krieg	Gerhard Johannes Vossius (1577–1649)
seit 1643		Absolutismus (Ludwig XIV.)	Johann Matthäus Meyfart (1590–1642)
			Christian Weise (1642–1708)
Rhetorik der Aufklärung			
	Empfindsamkeit Sturm und Drang		Bernard Lamy (1640–1715)
			Johann Andreas Fabricius (1696–1769)
			Johann Christoph Gottsched (1700–1766)
1776		Amerikanische Unabhängigkeitserklärung	Johann Jakob Breitinger (1701–1776)
			Alexander Gottlieb Baumgarten (1714–1762)
1789		Französische Revolution	Johann Gottfried Herder (1724–1804)